ココミル ✚
cocomiru

河口湖 山中湖
富士山麓 御殿場

すてきな思い出
作りましょ♪

ネモフィラが咲き誇る大石公園(P20)と富士山と河口湖

富士山麓の湖や高原で
ドラマチックな絶景に出合う

左：オルソンさんのいちご(P26)のいちごパフェ／右：Gateway Fujiyama 富士山駅店(P45)の招福杯
左から：FUJIYAMAツインテラス(P18)からの絶景／五重塔も美しい新倉富士浅間神社(P34)／忍野二十曲峠展望テラス SORA no IRO(P74)

天上山公園に設けられたカチカチ山絶景ブランコ(P19)

富士山の伏流水が流れる白糸ノ滝(P79)

杉山フルーツ(P98)の生フルーツゼリー

西湖いやしの里根場(P54)では、手作り体験もできる

静岡県富士市では、ほうじ茶スイーツが話題に(P96)

KICHI TO NARU KITCHEN 富士高嶺店(P94)の料理には、地元でとれた野菜がたっぷり

富士急ハイランドのFUJIYAMAウォーク(P41)

ピーターラビット™イングリッシュガーデン(P53)を散策

水陸両用バス「山中湖のカバ」(P62)で湖にダイブ

～河口湖～富士山パノラマロープウェイ(P19)で空中散歩

富士スバルライン
(P32)を通って
富士山五合目へ

北口本宮富士浅間神社 (P35)
は、富士山信仰でも重要な場所

河口湖・富士吉田

多彩な楽しみ方ができる湖畔と
富士山信仰の中心地を歩く

ヤマナシハタオリトラ
ベル MILL SHOP
(P45)のがま口

コノハナサクヤ
カフェ(P26)の
新感覚かき氷

季節のフルー
ツプレートが好
評の葡萄屋
kofu ハナテラ
スcafé(P27)

富士吉田では名物うどん
(P42)の食べ比べを

THE KUKUNA(P48)
の展望露天風呂

目の前に河口湖が広がるカフェ ミミ(P25)のテラス席

高原に位置する山中湖(P60)

ハンモックでくつろげる
Hammock Cafe(P67)

シュガーメイプル
(P69)のスイー
ツでひと休み

山中湖・忍野

富士五湖最大の湖と
富士の名水が生む美景に癒やされる

手打ちそば天
祥庵(P67)の
ぶっかけそば

世界遺産・忍野八海(P64)に
は、今日もきれいな水が湧く

B級グルメを代表する
富士宮やきそば(P92)

富士サファリパーク(P86)
でライオンに遭遇

富士山麓・御殿場

歴史ある街や大型レジャー施設で
グルメ、動物とのふれあいを満喫

富士山の伏流水で造られ
た、富士高砂酒造(P81)
のお酒をおみやげに

のどかな雰囲気のまかいの牧場
(P82)でほっこり

荘厳な富士山本宮浅間
大社(P80)の拝殿

5

河口湖・山中湖
富士山麓・御殿場ってどんなところ?

富士山の雄大な姿とともに
レジャーもグルメも楽しめる

河口湖・山中湖周辺はレイクビューや花景色を満喫できる絶景の宝庫。富士山麓・御殿場の広大なエリアには牧場(☞P82)が広がる朝霧高原やご当地グルメ、一日遊べる大型レジャー施設など多彩な楽しみが満載。富士登山の玄関口・富士吉田(☞P38)は歴史と文化が今に伝わる街並みが魅力です。

河口湖や山中湖にはボートや遊覧船などアクティビティが満載

入れ替わり花が咲き誇る山中湖 花の都公園(☞P63)。夏はポピーが見頃

おすすめシーズンはいつ?

花絶景やレジャーは春から秋、
忍野は冬の雪景色もおすすめ

春から秋にかけ、山中湖 花の都公園(☞P63)、河口湖の大石公園(☞P20)や富士本栖湖リゾート(☞P52)には、見事な花景色が広がります。桜を見るなら富士山本宮浅間大社(☞P80)と新倉富士浅間神社(☞P34)へ。忍野は雪景色も美しい。また、残雪の富士山が見られるのは例年6月ごろまでですが、雪が最も多いのは意外にも4月です。

河口湖・山中湖
富士山麓・御殿場へ旅する前に
知っておきたいこと

日本のシンボル・富士山を囲む一大観光エリア。
古くから崇敬された歴史と文化に支えられた、
多彩な魅力を存分に楽しむ旅に出かけましょう。

どうやって行く？

富士五湖方面へは富士急行、静岡側へはJR東海道本線

東京から富士五湖へはJR中央本線の直通普通列車のほか、大月駅から富士山駅・河口湖駅まで富士急行の特急列車を利用し、河口湖駅・富士山駅を拠点とするバスを利用してまわるのが便利。静岡側へ向かうならJR東海道・御殿場線で御殿場駅へ。高速バスで各拠点に向かうこともできます。

富士山駅・河口湖駅へは富士山ビュー特急（☞P14）など観光列車も数種類運行する

絶景を満喫できるグランピング施設やホテルもいっぱい

観光にどのくらいかかる？

エリアを絞るなら日帰りで、複数まわるなら1泊はしたい

車なら1日あればエリア内の主要スポットを巡ることも可能。河口湖・山中湖なら周遊バスを利用すれば効率よくまわれます。複数エリアを訪れたいなら、1泊2日で湖畔リゾートと富士吉田の街歩きを楽しんだり、朝霧高原の牧場や白糸ノ滝などを巡り、富士宮や富士市でグルメも満喫できます。

初めての富士山麓。何をすれば？

展望スポットや花畑は必見、名物グルメもぜひ味わいたい

湖周辺に点在する花畑と富士山のコラボや、ビュースポットから富士山や湖周辺を一望する絶景は、一度は見てみたいもの。湖畔のカフェでフレッシュなフルーツスイーツを味わったり、高原のさわやかな風を感じながら牧場で羊など動物たちとふれあいを楽しんでみるのもおすすめ。

レイクビューとともに甘くてフレッシュなスイーツを堪能して

河口湖・山中湖 富士山麓・御殿場って こんなところ

山梨・静岡両県にまたがりそびえる富士山。広大な裾野には湖畔リゾートや高原、大型レジャー施設が点在し、大自然に育まれた文化や歴史も体験できる。

観光のみどころ3つのエリア

北東に広がる河口湖・富士吉田は富士五湖観光の中心地となるエリア。富士山に最も近い富士吉田の街には富士山信仰の文化やレトロな街並みが残る。山中湖・忍野は花景色や水辺の絶景と豊富なアクティビティが楽しめる。御殿場周辺は多くの大型レジャー施設が集まる一大観光エリア。富士西麓にはのどかな牧場風景を満喫できる高原リゾートが広がっている。

プランニングはバスや車を 上手に組み合わせて

河口湖・富士吉田へは富士急行を利用するのが便利。河口湖周辺のミュージアム巡りには河口湖周遊バス、山中湖・忍野を周遊するバスも河口湖駅から出ている。富士市～富士宮間はJR身延線が便利。また、河口湖から富士山駅を経由して山中湖～御殿場へと抜けるバスも運行しているので活用したい。

アクセスMap

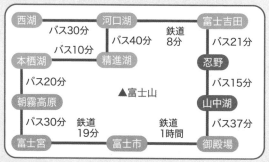

西湖	河口湖	富士吉田
バス30分	バス40分 鉄道8分	バス21分
バス10分	精進湖	忍野
本栖湖		バス15分
バス20分	▲富士山	
朝霧高原		山中湖
バス30分 鉄道19分	鉄道1時間	バス37分
富士宮	富士市	御殿場

鉄道からのアクセスが便利で、富士五湖巡りの中心地にもなっている河口湖。天空のビュースポットや湖畔のミュージアム、カフェ巡りも楽しい。富士山信仰とハタオリ文化の残る富士吉田は、歴史散歩がおすすめ。

▲ 絶景テラスからの富士山と河口湖の眺望は必見

▶ 自然との一体感を満喫できるグランピング

▲ 山梨産の新鮮なフルーツスイーツを堪能

▲ 富士吉田で素敵なハタオリ雑貨にも注目

ひと足延ばして

静かな樹海の森に囲まれた神秘的な湖。幻の魚「クニマス」が発見された。近くに西湖いやしの里根場がある。

東洋のスイスの異名をもち、大室山を抱いた「子抱き富士」が有名。北側を甲斐と駿河を結んだ中道往還の旧道が通る。

富士五湖で最も深く、現行千円札の裏に描かれた逆さ富士の美しさで知られる。花絶景が広がる富士本栖湖リゾートがある。

山中湖・忍野
やまなかこ・おしの

(2)

…P59

富士五湖で最も富士山に近いダイナミックな景色とアクティビティが充実する山中湖。湖畔には名物のワカサギや地元野菜を使った料理自慢の宿が並ぶ。名水の里忍野には、懐かしい日本の原風景が広がる。

▲おしゃれカフェで自慢のスイーツを味わう

富士山麓・御殿場
ふじさんろく・ごてんば

(3)

…P75

富士山を中心に東西に広がる裾野エリア。西麓の朝霧高原には牧草地帯や絶景が点在。富士山麓の豊かな土壌が育むグルメを満喫するなら富士宮や富士市へ。御殿場周辺には大規模なレジャー施設が集まっている。

▲御殿場のリゾート複合施設で一日ゆったり

▲富士宮やきそばの食べ比べも楽しい

▶注目のほうじ茶スイーツも外せない

▲山中湖クルーズが楽しめる水陸両用バス

▲忍野八海で世界遺産の美しい水辺を散策する

▲動物とふれあえる朝霧高原のまかいの牧場

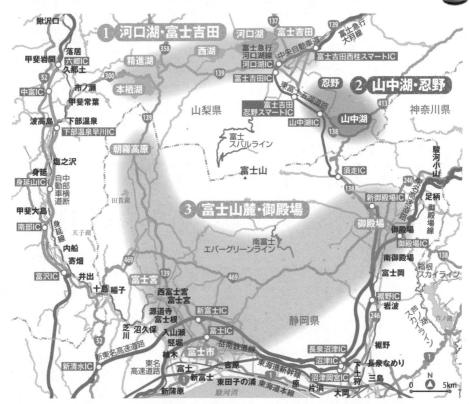

出発ー！

10:00 河口湖駅 ❄

駅到着後、周遊バス（☞P17）に乗って、最初の目的地へ向かいます。

ロープウェイで
10:15 ビュースポットへ

民話『かちかち山』の舞台といわれる天上山へ、ゴンドラに乗って向かいます（☞P19）。

山頂の
10:20 天上山公園

ゴンドラに乗って3分ほどで頂上へ。堂々たる富士山と広大な裾野に感動（☞P19）。

サイコー！

ブランコに乗ってさわやかな風を感じながら、富士山の景色も満喫です（☞P19）。

富士山型の
11:15 クッキー

厳選素材で作るクッキーが好評のFUJIYAMA COOKIE（☞P44）に立ち寄り。

ミュージアム
11:40 カフェ

河口湖 音楽と森の美術館内の森のレストラン（☞P22）で、湖を眺めながらランチタイム。

ミュージアム
12:40 巡り

河口湖 音楽と森の美術館（☞P22）に展示されているオルゴールやダンスオルガンを見学。

13:30

河口湖木ノ花美術館（☞P50）で作家池田あきこ氏の作品による絵本の世界に浸る。

14:30 大石公園

富士山と河口湖、季節の草花が織りなす美景に思わずうっとり（☞P20）。

富士大石
14:45 ハナテラス

フルーツパフェが味わえるカフェや伝統工芸品のショップを巡りましょう（☞P21）。

グランピング
16:00 施設に宿泊

富士山麓の自然を満喫できるグランピング施設「星のや富士」へ（☞P47）。

☆おやすみ…

河口湖を望むキャビンに滞在。景観を楽しむためデザインはシンプル（☞P47）。

1泊2日でとっておきの
河口湖・山中湖の旅

河口湖駅・富士山駅を拠点に、富士山と湖のビュースポットを巡り、ミュージアムや花の公園、湖上散策も楽しみます。
山梨の名物グルメと伝統工芸品のお店にも立ち寄りましょう。

2日目

おはよー！

10:00 河口湖駅

宿をチェックアウトして、バスで河口湖駅へ向かいます。

10:25 忍野八海

富士山の伏流水が湧く里（☞P64）。澄んだ水を眺めながらの散策で爽快な気分に。

中池（☞P64）周辺では、飲食店やおみやげ店に立ち寄るのもおすすめです。

山中湖 花の都公園
11:25

四季折々の花と富士山が織りなす景色を眺めながら、歩きましょう（☞P63）。

12:10
ランチ

PICA山中湖内のレストラン・FUJIYAMA KITCHEN（☞P66）でランチ。

山中湖で クルージング
13:45

水陸両用バス「山中湖のカバ」（☞P62）で、湖畔沿いと湖上の散策を楽しみます。

湖畔沿いの カフェ
15:00

緑に囲まれたペーパームーン（☞P68）。自慢のスイーツと紅茶でカフェタイム。

17:00 金鳥居

バスで富士山駅へ。富士山信仰の歴史が残る富士吉田のシンボルで記念撮影（☞P39）。

17:20 富士山駅

駅ビルでおみやげ探しへ出発。フードコートで吉田のうどんを味わうのもよい。

ハタオリ 雑貨
17:30

ヤマナシハタオリトラベルMILL SHOP（☞P45）には、織物の町・富士吉田ならではのハタオリグッズがズラリ。

富士山 みやげ
18:15

Gateway Fujiyama 富士山駅店（☞P45）で、富士山モチーフのおみやげ探しを。

19:00
楽しかった〜

富士山駅から富士急行線に乗車して帰路へ。大月駅で中央線に乗り換えます。

行きたい場所はほかにもいっぱい！

西湖・精進湖・本栖湖や朝霧高原もおすすめです

高原、樹海が広がるネイチャーエリア

河口湖の西側のエリア。青木ヶ原樹海や西湖いやしの里根場場、本栖湖にあるピーターラビット™ イングリッシュガーデンが人気。（☞P52〜58）

動物のふれあいと牧場グルメに大満足

富士山西麓に位置し、動物や自然にふれられるスポットが点在。酪農が盛んで、自家製牛乳を使ったスイーツも充実している。（☞P82・91）

11

ココミル
cocomiru

河口湖・山中湖
富士山・御殿場

Contents

〈マーク〉
- 観光みどころ・寺社
- プレイスポット
- レストラン・食事処
- 居酒屋・BAR
- カフェ・喫茶
- みやげ店・ショップ
- 宿泊施設

〈DATAマーク〉
- ☎ 電話番号
- 住所
- Y 料金
- 開館・営業時間
- 休み
- 交通
- P 駐車場
- 室数
- MAP 地図位置

●表紙写真
表)Gateway Fujiyama 富士山駅店の招福杯 桜富士(P45)／葡萄屋kofu ハナテラスcaféのフルーツパフェ(P21)と季節のフルーツプレート(P27)／山中湖 花の都公園(P63)／T's cafeのミルクソフトクリーム(P21)／天上山公園にあるカチカチ山絶景ブランコ(P19)／Happy Days Café(P25)
裏)上:御殿場高原 時之栖の時之栖イルミネーション(P85)／下右:山中湖遊覧船「白鳥の湖」号(P63)／下左:朝霧高原(P77)の牧場

富士山が見える 観光列車で行こう！

河口湖駅へ向かう鉄道・富士急行線では、富士山麓の景色を満喫しながら移動できる観光列車が運行している。

上質な時間を過ごせるプレミアムトレイン

▲富士山麓の大自然に映える赤いボディ

ふじさんびゅーとっきゅう
富士山ビュー特急

大月駅〜河口湖駅間を約50分で結ぶ特急列車。車両デザインは、数々の観光列車デザインを手がけてきた水戸岡鋭治氏によるもの。富士山の豊かな自然に調和する温かみのある内装が特徴で、随所に配された富士山モチーフも見逃せない。

☎0555-73-8181（富士急コールセンター／8〜18時）¥乗車券+特急料金400円（都留文科大学前駅発着は200円引き）、1号車はさらに+900円（2号車は+200円）休HPにて要確認 MAP折込裏D2 停車駅大月駅、都留文科大学前駅、下吉田駅、富士山駅、富士急ハイランド駅、河口湖駅

▲アテンダントに迎えられて車内へ（上）。絶景ポイントではアナウンスが流れ、徐行運転になる（下左）。絵画を思わせる装飾品も富士山（下右）

車内をCHECK

1号車（特別車両） 全席指定
1両に26席というゆったりした空間は、まるでホテルのよう。フリードリンクのサービスもある。

2号車 指定席
木のぬくもりが感じられ、座席も広々。大きな窓も備え、左右どちらも富士山をたっぷり拝める。

3号車 自由席
造りは2号車と同じで、こちらは青が基調。事前予約は不要だが、席に座れない可能性がある。

スイーツプランに注目♪

ハイランドリゾート ホテル＆スパのシェフパティシエが手がける、山梨の味覚が詰まった特製スイーツが大人気。土・日曜、祝日のみ、1号車で実施。
☎0555-22-8877（富士急トラベル／月〜金曜9〜18時）¥全区間4900円
※乗車日3日前までにインターネットから要予約

富士山ビュー特急風エクレア
FUJIYAMAショコラ
※スイーツは季節により変更の場合あり

まだある
富士山特別列車

ふじとざんでんしゃ
富士登山電車

内装に木や布などの自然素材を生かしたレトロモダンな列車。赤富士（1号車）と青富士（2号車）がある。☎0555-73-8181（富士急コールセンター／8〜18時）MAP折込裏D2
※2023年5月現在運休中

車内販売もあります！

車内では富士山ビュー特急オリジナル商品を販売。乗車記念におみやげとして購入するのもおすすめ。

ハンカチ 600円
富士急行線御朱印帳 2000円

湖や富士山が織りなす美景にうっとり…
河口湖・富士吉田から旅を始めましょう

旅のトレンドとして定着した、絶景とグランピングが充実のエリア。湖や富士山を山や高台から見渡したり、湖畔のお店から眺めたりできます。歴史好きなら、霊峰の文化を伝えるミュージアムや神社も外せません。西湖・精進湖・本栖湖でも、のどかな、神秘的な風景に出合えます。

これしよう！
湖畔のカフェで
絶品スイーツを
河口湖ビューのカフェ
で、フレッシュな山梨フ
ルーツのスイーツを味
わう（☞P24）。

これしよう！
歴史や文化に
ふれる
富士吉田の2大パワー
スポット（☞P34）や、昔
ながらの街並みを巡る
歴史散策を（☞P38）。

これしよう！
湖と富士山を
まるごと眺める
標高1500m以上のテ
ラス（☞P18）やパノラ
マ回廊（☞P19）で天
空の絶景を一望する。

河口湖・富士吉田は
ココにあります！

（地図：朝霧高原・河口湖・富士吉田・山中湖・忍野・御殿場・富士山・富士宮・富士市）

華やかな湖畔の景色とレトロな街並みを散策

河口湖・富士吉田

かわぐちこ・ふじよしだ

こんなところ

富士山を北麓から眺める河口湖は、富士
五湖巡りの中心地。湖畔には優雅なカフ
ェやレストランが点在し、絶景風呂が自
慢の宿も多い。富士吉田には江戸時代に
発展した富士山信仰の「富士講」を支え
た御師町（おしまち）の歴史が今も残る。また富士ス
バルラインで五合目までのドライブも
おすすめ。

---

a c c e s s

●富士急行線・普通
大月駅
↓ 43分
下吉田駅
↓ 7分
富士山駅
↓ 2分
富士急ハイランド駅
↓ 3分
河口湖駅

●富士急バス河口湖駅行き
JR御殿場駅
↓ 1時間2〜22分
富士急行富士山駅
↓ 8分
富士急行河口湖駅

●富士急バス富士山駅行き
JR新富士駅
↓ 32分
JR富士宮駅
↓ 1時間35分
富士急行河口湖駅
↓ 8分
富士急行富士山駅

問合せ
富士五湖観光連盟 ☎0555-22-7102
富士河口湖町観光課 ☎0555-72-3168
富士河口湖町観光連盟 ☎0555-28-5177
ふじよしだ観光振興サービス ☎0555-21-1000
MAP 折込表E1〜H3,折込裏F1〜G3

～河口湖・富士吉田 はやわかりMAP～

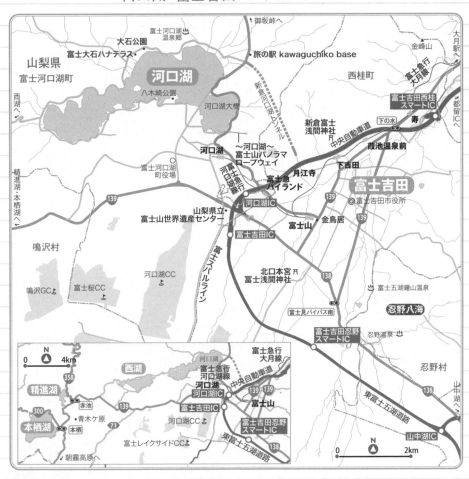

山梨県
富士河口湖町

河口湖

鳴沢村

富士吉田

忍野八海

忍野村

注目のエリアはコチラです

かわぐちこ
河口湖

湖畔に点在する絶景カフェやレストランのほか、ビュースポットも多彩。個性豊かなミュージアム巡りも楽しい。

ふじよしだ
富士吉田

富士山登山の起点となる五合目や、富士山信仰の歴史を伝える街として知られる。機織りの街としても再注目されている。

観光に便利な乗り物

河口湖周遊バス（レッドライン）

河口湖駅を出発し、美術館や河口湖自然生活館など河口湖東部～北部の観光スポットを巡るバス。2日間乗り放題のフリー乗車券「全エリアクーポン」1500円がお得。
☎0555-72-6877
（富士急バス）**MAP**
折込表H3

とっておきの絶景に合いに
富士見の天空テラスへ

四季折々にさまざまな姿を見せ、美しくそびえる富士山。
周囲の山々に加え、湖や街並みまでも見渡せるビュースポットから眺めてみましょう。

まるで天空に浮かんでいるかのような景色が広がっている

河口湖北部
ふじやまついんてらす
FUJIYAMAツインテラス

富士山と河口湖を一望
開放感あふれる絶景テラス

標高約1600mの新道峠にある展望スポット。真正面に雄大な富士山を望み、河口湖、山中湖、湖畔の街並みも一度に見晴らせる。広々としたファーストテラスと、こぢんまりとしたセカンドテラスがある。

☎055-261-2034（笛吹市観光商工課）🏠山梨県笛吹市芦川町上芦川 ¥入場無料、送迎バス片道200円（小学生以上）⏰24時間 休無休、送迎バスは火曜、12月〜4月下旬 🚃富士急行河口湖駅から送迎バス乗り場（すずらん群生地）まで車で30分 🅿100台 MAP折込裏C2

テラスへの行き方

❶ 送迎バスの停留所へ

ツインテラスまでは一般車両進入禁止（徒歩、自転車は可）。送迎バスで移動する。バス停は沢妻亭を発着点として全部で4カ所あり、それぞれに無料の駐車場もある。バスは9〜15時の間、1時間に1本（土・日曜、祝日は30分に1本）の間隔で運行。

❷ ロータリーに到着

4カ所あるバス停の最後に停まるすずらんの群生地から5分ほどでロータリーへ。バスを降りて、整備された階段を上る。

❹ ファーストテラス

セカンドテラスから80mほど進むと「ファーストテラス」に到着。標高1500mを超える新道峠から、富士山の山頂から山麓まで遮るものがない絶景が見られる。

❸ セカンドテラス

5分ほどで最初のテラスに到着。もともとは新道峠展望台とよばれ、以前から多くのカメラマンにも人気があった。自撮り用のスマホ台が設置されている。

夜景と富士山も
見事な
天上山公園

「天上山公園」では、秋から冬にかけての日没直後に、夜景越しに富士山の残影が浮かび上がり、神秘的な光景を目にすることができます。
☎0555-72-0363（～河口湖～富士山パノラマロープウェイ）MAP 折込表H2

絶景パノラマ回廊
ロープウェイの富士見台駅と山頂広場をつなぐ通路。のんびり歩きながら富士山や河口湖の絶景が楽しめる。
¥🈚休 散策自由

以前は急な階段だったが、ゆるやかなスロープに整備された

山頂・天上山公園でのお楽しみ

河口湖東岸
~かわぐちこ～ふじさんぱのらまろーぷうぇい～
~河口湖~
富士山パノラマロープウェイ

富士山と河口湖が
大パノラマで眼前に広がる

太宰治が昔話『かちかち山』をモチーフに書いた『お伽草子』の中の一編『カチカチ山』の舞台となったのが、河口湖畔にある天上山。麓の駅からロープウェイを使えば、その頂上近く、標高1075mの富士見台駅まで約3分でアクセスできる。駅周辺は絶景スポットの宝庫だ。

☎0555-72-0363 🈁山梨県富士河口湖町浅川1163-1 ¥往復900円 🕘9時30分～16時、土・日曜、祝日は～17時（季節により変動あり）休無休 🚌富士急行河口湖駅から河口湖周遊バスで15分、遊覧船・ロープウェイ入口下車すぐ P県営駐車場利用 MAP 折込表H2

▶河口湖を一望できる。ウサギがあしらわれたゴンドラもかわいらしい

カチカチ山
絶景ブランコ

公園のなかでもひときわ見晴らしのよい場所にある、長さ約3.5mの大きなブランコ（たぬき茶屋で整理券を購入）。目の前の富士山に向かって漕ぎ出せば、大パノラマの絶景に飛び出すような気分に！
¥1人1回3分500円 🕙10～16時 悪天候時、点検日 ※利用は身長110cm以上、体重100kg未満

うさぎ神社

登山者や観光客の安全と健脚を祈願して、ウサギが祭られている。狛犬ならぬ「狛うさぎ」にも注目。
¥🈚休 参拝自由

たぬき茶屋

軽食やみやげを販売。富士山や『かちかち山』に登場するタヌキとウサギをモチーフにしたグッズを多く取り揃える。炭火で焼き上げた香ばしいみたらしだんご・たぬき団子400円が名物。
🕘9時45分～16時（土・日曜、祝日は～17時）休無休

 天上山公園には崖からせり出す一本橋のようなやぐらもあり、勇気を出して先端まで足を運んでみるのもおすすめです。

富士山を鮮やかな花で彩る
湖畔の花名所・大石公園をおさんぽ

一面に広がる花畑と名峰が織りなす見事な色彩を堪能したら、
特産品グルメや伝統工芸品が一堂に会する複合施設にも足を運んでみましょう。

ラベンダー
約3000株が咲き、あたりにさわやかな香りが漂う。見頃の時期にはハーブフェスティバルも開催
見頃 6月下旬～7月中旬

河口湖北岸
おおいしこうえん
大石公園

富士山×河口湖の絶景と季節の花がコラボレーション

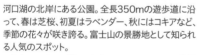

河口湖の北岸にある公園。全長350mの遊歩道に沿って、春は芝桜、初夏はラベンダー、秋にはコキアなど、季節の花々が咲き誇る。富士山の景勝地として知られる人気のスポット。

☎0555-76-8230 🏠山梨県富士河口湖町大石2585 🅈🄬
🄬園内自由 🚃富士急行河口湖駅から河口湖周遊バスで27分、河口湖自然生活館下車すぐ 🅿50台 **MAP** 折込表F1

のらぼう菜
菜の花によく似た花。富士山とのコントラストが美しい
見頃 4月下旬～5月下旬

コキア
夏は鮮やかな緑色のコキアも、紅葉し、あたりを赤く染める
見頃 10月中旬～下旬

▲6月下旬～8月上旬はフルーツ狩りもできる。受付は、園内の河口湖自然生活館で

▲「OOISHI PARK CAFE」では、12種類のソフトクリームを用意

大石公園そばに
位置する
石臼挽き・国産
十割そばのお店

石臼挽きしたそば粉を100%使用した、「みずの風 十割そば」のそばはコシがあり、のど越しもすっきり。旬の自家栽培野菜中心の天ぷらと一緒に味わう天ぷらもりそば（写真）は1770円。
☎0555-76-5151 **MAP** 折込表F1

公園に隣接するリゾート施設

河口湖北岸
ふじおおいしはなてらす
富士大石ハナテラス

ガーデンを散策しながらショッピング&グルメ

山梨県の名産品・印伝を扱う雑貨店や、地元のフルーツが味わえるカフェなど、9つのショップが集まる複合施設。敷地内は季節の草花が彩るナチュラルガーデンになっており、各所から富士山を望める。
☎0555-72-9110（□○（かくまる）堂富士大石）**住**山梨県富士河口湖町大石1477-1 **時**店舗により異なる **交**バス停河口湖自然生活館からすぐ **P**90台 **MAP** 折込表F1

▲ 蔵をベースにしたデザインの店舗が点在する

◀ **地元のグルメを満喫**

B棟2F
ぶらん にゅー でい こーひー
BRAND NEW DAY COFFEE

本格ナポリピッツァと焼きたてクロワッサン、旬の果実を使ったスイーツも人気。
☎0555-25-7011 **時**10〜18時
休無休

▲ビスマルク2000円。半熟卵を絡めて味わうスモークベーコンとホウレンソウのピザ

フォトスポットを発見

施設内には、さりげなく配置されたオブジェが点在。小道や小川のほとりで探してみよう。

E棟1F
てぃーず かふぇ
T's cafe

富士山麓の牧場でとれた生乳で作るソフトクリームが看板商品。象のマークが目印。
☎0555-25-7055 **時**10〜18時（11〜3月10時30分〜17時）**休**不定休

▶ 桃1個以上を使う季節のフルーツパフェ（桃）1595円

D棟
ぶどうやこうふ はなてらすかふぇ
葡萄屋kofu ハナテラスcafé

山梨県産果物の加工品専門店によるカフェ。地元のフルーツたっぷりのスイーツを提供。
DATA ☞P27

▶ 濃厚なミルクソフトクリーム（カップ）450円

伝統工芸品も充実

E棟1F
しるし

山梨の伝統工芸品・印伝を中心に小物や雑貨を扱う。
DATA ☞P45

▲ コロンとしたフォルムのガラス富士山440円（左）、ガラス箸置き富士山660円（右）

▲ 19gと軽量なスカーフ。「とにかる」3300円

C棟
ふじざくらこうぼう
富士桜工房

富士山北麓特産の織物生地を使った雑貨が並ぶ。
☎0555-72-8788 **時**10〜17時
休水曜

📖 BRAND NEW DAY COFFEEでは、2階のテラス席から富士山方面を一望できます。店内はシアトル風でスタイリッシュ。

河口湖畔のミュージアムで
景色もカフェも楽しみましょう

湖畔沿いには、自然と調和した個性的なミュージアムも点在しています。
芸術鑑賞の後は、眺望自慢のミュージアムカフェやレストランに立ち寄りましょう。

▲ 荘厳な雰囲気のオルガンホールに置かれたダンスオルガン。自動演奏もぜひ聴きたい

河口湖北岸
かわぐちこ おんがくともりのびじゅつかん

河口湖 音楽と森の美術館

美しい富士山とオルゴールの共演

富士山を望むヨーロッパ風の街並みと、世界最大級のダンスオルガンは必見。土・日曜、祝日限定で開催されるオペラコンサートや、毎日行われるサンドアートライブコンサートも大人気だ。

☎0555-20-4111 住山梨県富士河口湖町河口3077-20 ¥入館1800円(土・日曜、祝日2100円、ハイシーズン2300円)◯10〜17時(最終入館16時)休火・水曜 交富士急行河口湖駅から河口湖周遊バスで19分、音楽と森の美術館／ほとりのホテルBan下車すぐ P300台 MAP折込表H1

▶富士山を望む
ローズガーデン
の散策も楽しみ

🍵ミュージアムカフェはコチラ

もりのれすとらん
森のレストラン

**富士山と湖を一望できる
カフェ&レストラン**

ケーキなどのカフェメニューや甲州ワインビーフを使用したフードメニューが充実しているカフェ&レストラン。利用には美術館の入館料が必要。

☎0555-20-4111 (河口湖 音楽と森の美術館)◯10時〜16時30分LO 休火・水曜 MAP折込表H1

▲ 店内席から富士山と河口湖が一望できる。天気のよい日はテラス席がおすすめ

もものパフェ 1450円

旬の県産フルーツを使用した季節ごとのデザートも人気。桃は7月上旬〜8月上旬(予定)

森のハンバーグランチ 2700円

ハンバーグは甲州ワインビーフと甲州富士桜ポークを使用。オードブルなどがセットで付く

**自作のアートを
おみやげに**

「河口湖クラフトパーク」では、砂を吹き付けてオリジナルグラスを作るサンドブラストやジェルキャンドル作り各1650円〜など数種類の体験ができます（予約が望ましい）。カフェや宿泊施設も併設。
☎0555-20-4123 **MAP**折込表H1

① 『ヒバ（ヒノキ科）』の大黒柱を16本使い、ピラミッド型になっている本館。ライフワーク「光響」の連作や、富士をテーマにした作品が見られる ② 新館では一竹が収集した、ガラス玉に色模様を施したとんぼ玉を展示

河口湖北岸
くぼたいっちくびじゅつかん
久保田一竹美術館
鮮やかな紋様染めを鑑賞する

室町時代に人気のあった絞の染色技法・辻が花を復活させた染色家・久保田一竹の着物作品を展示。富士山と四季をテーマにした連作など、作品はどれも雅やか。
☎0555-76-8811 **住**山梨県富士河口湖町河口2255 **¥**入館1300円 **時**10時〜16時30分最終入館（冬期変動あり）**休**不定休（公式HPで要確認）**交**富士急行河口湖駅から河口湖周遊バスで21分、久保田一竹美術館下車、徒歩5分 **P**80台 **MAP**折込表G1

〜 ☕ ミュージアムカフェはコチラ 〜

▲ 白い壁や床は、沖縄の海とサンゴで形成された琉球石灰岩によるもの

さぼう いっちくあん
茶房 一竹庵
和と世界の文化が融合した不思議な空間で憩う

抹茶や上生菓子が味わえる本館奥の茶房。龍門の滝を望む店内のインテリアは、一竹が集めたもので、東南アジア、アフリカなどさまざま。
☎0555-76-8811（久保田一竹美術館）**時休**施設に準ずる（LOは閉館30分前）**MAP**折込表G1

抹茶セット 1500円
季節の和菓子に、かわいらしい富士山形の落雁、味噌せんべいがセットに

① 展示室は3つ。第1・2展示室は与勇輝の常設展。第3展示室では、企画展が行われる ② 物語や日常からのワンシーンを題材としている

河口湖南岸
かわぐちこみゅーずかん -あたえゆうきかん-
河口湖ミューズ館 -与勇輝館-
郷愁に満ちた表情に魅せられる

創作人形作家・与勇輝の作品約100点を展示。木綿の布を素材に子どもや妖精をモチーフとした作品で世界的にも評価が高い。
☎0555-72-5258 **住**山梨県富士河口湖町小立923八木崎公園内 **¥**入館600円 **時**9〜17時（最終入館16時30分）**休**木曜（祝日の場合は開館）**交**富士急行河口湖駅から西湖周遊バスで13分、河口湖ミューズ館入口下車すぐ **P**20台 **MAP**折込表G2

〜 ☕ ミュージアムカフェはコチラ 〜

どーるかふぇ
ドールカフェ
店内から眼前に広がる
河口湖と山々を一望

和洋のデザートのほか、ソフトクリームなどを提供。湖面に近い店内からは、庭の草花に彩られた河口湖を望める。テラスや庭での飲食もOK。
☎0555-72-5258（河口湖ミューズ館 -与勇輝館-）**時**9時〜16時30分 **休**木曜 **MAP**折込表G2

▶ 大きなガラス張りで開放的な店内。カフェのみの利用も可能

**コーヒーゼリー
530円**
ワイングラスに盛り付けた、濃厚なソフトクリームとコーヒーゼリー

📖 ほかにも「河口湖木ノ花美術館」（☞P50）などにもカフェが併設されています。

富士山&河口湖ビューのカフェで優雅なランチタイム

たくさんの人で賑わう河口湖周辺には、ロケーション抜群のカフェが点在しています。
自然と調和するスペースで、美景を眺めながらランチタイムを過ごしましょう。

少し高台になっているため、テラス席からは遮るもののない富士山と河口湖を一望できる

こはんのぱんこうぼう れいくべいく

湖畔のパン工房
レイクベイク

**自家製酵母のパンを片手に
河口湖&富士山を独り占め**

自家製酵母で発酵させた素朴な味わいのパンが評判。ドリンク類を注文すれば、店内またはテラス席のイートインスペースが利用できる。パンと一緒に旬の果実を使ったコンフィチュール1000円〜をおみやげにするのもおすすめ。

☎0555-76-7585 📍山梨県富士河口湖町大石2585-85 🕐10時〜16時30分(カフェは〜15時30分)🈲水曜、第2・4木曜(祝日の場合は営業)🚃富士急行河口湖駅から河口湖周遊バスで27分、河口湖自然生活館下車、徒歩3分 🅿11台 MAP 折込表G1

**レイクベイク熟成(左奥)600円
ナッツショコラ(右奥)330円など
自家製ジンジャーエール 600円**
レイクベイク熟成はクルミとレーズンをたっぷり練りこんだパン。甘さとしょうがの刺激が絶妙な自家製ジンジャーエールと一緒に味わいたい

◀惣菜パンや菓子パン、スコーンなど種類豊富なパンが並ぶ。50種類ほどあり、温めてくれるものもある

アメリカ西海岸の風を感じる湖畔でコーヒータイム

「CISCO（しすこ）」では、サンフランシスコのロースターで焙煎した豆にこだわり丁寧にドリップしたコーヒーが自慢。アメリカ西海岸をイメージしたおしゃれな店内も魅力です。手作りのケーキやボストンクリームパイなどコーヒーと相性抜群のスイーツも充実。
☎0555-73-4187 **MAP** 折込表G2

河口湖北岸
かふぇ みみ

カフェ ミミ

富士ビューテラス席が人気
花いっぱいの白亜の洋館カフェ

河口湖畔の遊歩道沿いに立つ洋館カフェ。花好きのオーナーこだわりの店内には色鮮やかなアートフラワーが飾られ、庭にはバラが咲く優雅な空間が広がる。地元食材にこだわった手作りメニューが味わえる。

☎0555-76-6669 住山梨県富士河口湖町河口3033 時10時～17時30分（LO17時）休不定休 交富士急行河口湖駅から河口湖周遊バスで20分、河口湖猿まわし劇場／木の花美術館下車、徒歩5分 P5台 **MAP** 折込表G1

遮る建物がないので、すぐ目の前が河口湖。木々や季節の花々に囲まれた自然豊かな立地

ラタトゥイユ
2300円
大きめにカットされた地元産野菜を使用したトマトベースパスタ、サラダ、ドリンク付き

▶真夜中の河口湖1800円は、地元産フルーツやケーキ、アイスなどが入ったパフェ。コーヒーまたは紅茶付き（左）。マダムの自宅をカフェとして開業。店内ではアートフラワーの販売も行う（右）

河口湖南岸
はっぴー でいず かふぇ

Happy Days Café

地元食材を使ったメニューが人気
レイクビューのミュージアムカフェ

玩具コレクションを展示する「河口湖北原ミュージアム Happy Days」に併設するカフェ。子どものころのワクワク感が蘇る「大人のお子様ランチ」や、ハヤシライス（ミニサラダ、スープ付き）1400円など人気のランチメニューだ。

☎0555-83-3321 住山梨県富士河口湖町小立1204-2 時11～16時（変動あり）休木曜、ほか水曜不定休 交富士急行河口湖駅から河口湖周遊バスで7分、河口湖ハーブ館下車すぐ P大池公園駐車場利用 **MAP** 折込表G2

▲店内からもテラスからも河口湖と富士山を望める。6月の新緑や10月下旬の紅葉は格別の美しさ

湖面より一段高い場所にあるため、眼下に広がる河口湖と迫力のある富士山を眺められる

▶バナナクレープ600円。バナナクレープにソフトクリームが付く。ソースはチョコレートなど4種類から選べる。ドリンクセットは940円

大人のお子様ランチ
2100円
オムライスやエビフライなどが一度に味わえる。スープ付き

Happy Days Caféでは、ミュージアム見学者には、飲食代が10%割引される特典があります。

旬を目指しておでかけ
山梨のフルーツスイーツを召し上がれ

見るだけでも心ときめく、かわいらしいスイーツは旅のマストアイテム。
フルーツ王国・山梨でとれた新鮮フルーツを堪能できるカフェをご案内します。

いちごパフェ
880円
季節ごとに厳選したイチゴを10個以上使用した贅沢パフェ。ジェラートやゼリーなど4層仕立てに

季節の生ケーキ
1カット760円〜
季節ごとのフルーツをふんだんに使った人気No.1のケーキ。写真のブドウは毎年秋に登場予定

ふじさんレッドかき氷
600円
富士山の赤いマグマをイメージ。イチゴの果肉とこだわりのソフトクリームが絶妙にマッチする。5〜10月ごろ限定

河口湖北岸
おるそんさんのいちご
オルソンさんのいちご

メルヘンなカフェで味わう
新鮮なイチゴを使ったスイーツ

河口湖木ノ花美術館（☞P50）に併設するカフェで、絵本『わちふぃーるど』に登場するオルソンさんという農場主のキャラクターをイメージ。一年中イチゴのスイーツが楽しめる。

☎0555-76-6789（河口湖木ノ花美術館）**住**山梨県富士河口湖町河口3026-1河口湖木ノ花美術館 **時**10〜17時（12〜2月は〜16時）**休**不定休 **交**富士急行河口湖駅から河口湖周遊バスで20分、河口湖猿まわし劇場／木の花美術館下車すぐ **P**40台 **MAP**折込表G1

デッキテラス席からは河口湖の向こうにそびえる富士山が望める

河口湖東岸
かふぇ とろわじえむ まるしぇ
cafe troisième marché

隠れ家のようなカフェで味わう
フルーツたっぷりの手作りケーキ

オーナーの奥さんが手作りする色とりどりのケーキには、ブドウやイチジクなど山梨県産の旬の果物がふんだんに使われている。ドライフラワーやアンティーク家具などが配された店内は、居心地抜群。

☎0555-73-8910 **住**山梨県富士河口湖町河口682 **時**11時30分〜17時 **休**水曜 **交**富士急行河口湖駅から河口湖周遊バスで18分、河口湖美術館下車、徒歩7分 **P**8台 **MAP**折込表H1

雑貨やレディスブランドの服を扱うショップも併設している

富士河口湖町役場周辺
このはなさくやかふぇ
コノハナサクヤカフェ

プレミアムソフトクリームが入った
濃厚な新感覚のかき氷

シャキシャキのかき氷をはじめ、樹海パフェやプレミアムふじさんソフトなどのスイーツが充実。富士山カレーなどの食事メニューもあり、富士山を独り占めできる、贅沢な空間で味わいたい。

☎0555-83-3715 **住**山梨県富士河口湖町船津1996ハーブ庭園 旅日記 富士河口湖庭園 **時**10〜17時 **休**無休 **交**富士急行河口湖駅から河口湖周遊バスで3分、役場入口下車、徒歩10分 **P**100台 **MAP**折込表G3

富士山を望むソファでゆったりした時間を過ごせる

富士山の恵みで作られたこだわりのパン

「ベーカリー＆カフェ エソラ」のパンは、富士山の熔岩石を使った窯で焼くことで、外がパリパリ中はもちもちの食感。クロワッサン生地に自家製カスタードとクリームチーズをのせて焼いたバシュラン230円（写真）など品揃えは約100種類と豊富。

☎0555-73-9080 **MAP** 折込表F3

河口湖産ブルーベリータルト
1カット580円

さわやかな酸味と甘みが特徴の河口湖産ブルーベリーを贅沢にのせたタルト。7〜8月限定

河口湖IC周辺
ぎゃらりーあんどかふぇ くるーる

ギャラリー＆カフェ クルール

自家製ケーキが評判のギャラリーも併設するカフェ

富士山の絶景を楽しみながらスイーツを味わえる、ギャラリー併設のカフェ。自家製のケーキは添加物を一切使わないのが自慢。富士山のラテアートが印象的な富士山ココア600円と一緒に味わいたい。

☎0555-72-6333 **住**山梨県富士河口湖町船津7475-1 **時**10時30分〜18時LO **休**水曜 **交**富士急行河口湖駅から鳴沢・精進湖・本栖湖周遊バスで11分、河口湖ショッピングセンター BELL下車、徒歩8分 **P**18台 **MAP** 折込表G3

季節のフルーツプレート（ブドウ）
2970円

ブドウの食べ比べやブドウのスイーツが楽しめる贅沢な一皿。人気のレーズンサンドもON。ブドウは9月ごろ限定

河口湖北岸
ぶどうやこうふ はなてらすかふぇ

葡萄屋kofu
ハナテラスcafé

素材のおいしさがはじける季節のフルーツプレート

山梨のブドウ加工専門店が手がけ、地元産の季節のフルーツを使ったパフェやプレートなどを用意。大粒の生レーズンが入るレーズンサンド238円〜などを扱うショップもある。

☎0555-72-8180 **住**山梨県富士河口湖町大石1477-1富士大石ハナテラス内 **時**10〜17時（変動あり） **休**不定休 **交**富士急行河口湖駅から河口湖周遊バスで27分、河口湖自然生活館下車すぐ **P**富士大石ハナテラス駐車場利用100台 **MAP** 折込表F1

テイクアウト

スノードーム（イチゴとトウモロコシ）
1200円

イチゴとトウモロコシ、変わり種の放牧卵や紫ジャガイモなど数種類のシロップから2種類選べる。7〜8月ごろ限定

河口湖南岸
やみつき

埜蜜喜

独創的なシロップと天然氷の絶妙なハーモニー

湖畔沿いにある旅館湖岳荘が夏期限定で営むかき氷店。山中湖にある富士山天然氷の蔵元「不二」を使ったかき氷は、山梨県産の果物、野菜、酒粕など無添加・無着色の濃厚シロップで味わう。テイクアウトがメインで、イートインはHPから要予約。

☎0555-72-0551 **住**山梨県富士河口湖町小立1233-1 **時**11時〜16時30分 **休**火〜木曜 **交**富士急行河口湖駅から河口湖周遊バスで7分、河口湖ハーブ館下車、徒歩3分 **P**7台 **MAP** 折込表G2

📖「埜蜜喜」では、天然氷出し珈琲750円もおすすめ。富士山天然氷を溶かしながら、約10時間かけてゆっくり抽出しています。

山梨といえばやっぱりコレ!
野菜たっぷりのほうとうにほっこり

武田信玄が陣中食として用いた、山梨を代表する郷土料理・ほうとう。
平打ちの幅広麺とカボチャなどの野菜を、コクのある味噌仕立ての汁で煮込んでいます。

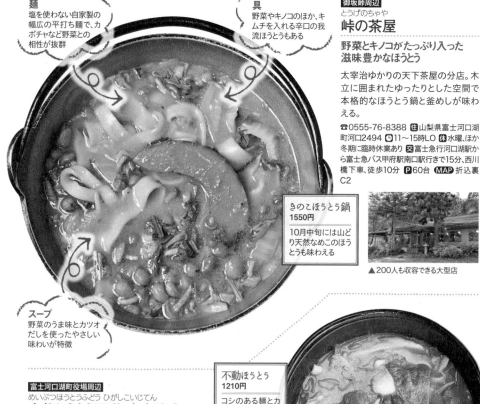

麺
塩を使わない自家製の幅広の平打ち麺で、カボチャなど野菜との相性が抜群

具
野菜やキノコのほか、キムチを入れる辛口の我流ほうとうもある

スープ
野菜のうま味とカツオだしを使ったやさしい味わいが特徴

御坂峠周辺
とうげのちゃや
峠の茶屋

野菜とキノコがたっぷり入った
滋味豊かなほうとう

太宰治ゆかりの天下茶屋の分店。木立に囲まれたゆったりとした空間で本格的なほうとう鍋と釜めしが味わえる。

☎0555-76-8388 住山梨県富士河口湖町河口2494 営11〜15時LO 休水曜、ほか冬期に臨時休業あり 交富士急行河口湖駅から富士急バス甲府駅南口駅行きで15分、西川橋下車、徒歩10分 P60台 MAP折込裏C2

きのこほうとう鍋
1550円

10月中旬には山どり天然なめこのほうとうも味わえる

▲200人も収容できる大型店

富士河口湖町役場周辺
めいぶつほうとうふどう ひがしこいじてん
名物ほうとう不動 東恋路店

地元食材を使用したほっとする味わい

富士山麓の食材をふんだんに使った、ボリューム満点のほうとうが食べられる。素材のうま味が溶け込んだスープは濃厚だ。

☎0555-72-8511 住山梨県富士河口湖町船津東恋路2458 営11〜20時(麺がなくなり次第閉店、16時以降は要連絡) 休無休 交富士急行河口湖駅から河口湖周遊バスで3分、役場入口下車、徒歩7分 P70台 MAP折込表G3

不動ほうとう
1210円

コシのある麺とカボチャ、山菜など富士山麓の幸がたっぷりと入る

▲建築家の保坂猛氏が手がけた富士山の雲をイメージした建物

茅葺き民家で
ほうとう鍋も
付いた
コース料理を

「ろばた料理 山麓園」は、築約150年の古民家を利用した店で、店内には囲炉裏が設けられています。料理はコースのみで、山麓4400円～をはじめ全3種。串焼やほうとうなどが食べられます。
☎0555-73-1000 **MAP** 折込表G3

富士河口湖町役場周辺
ほうとうくら ふなり かわぐちこてん
ほうとう蔵 歩成
河口湖店

アワビのうま味が溶け込んだ
黄金色のスープ

県内のほうとう味比べ大会で3連覇を遂げて、殿堂入りしたほうとう専門店。カボチャのペーストを加えた秘伝の黄金味噌が自慢だ。

☎0555-25-6180 **住**山梨県富士河口湖町船津6931 **⏰**11時～20時30分LO **休**無休 **交**富士急行河口湖駅から徒歩20分／バス停役場入口から徒歩10分 **P**130台 **MAP**折込表G3

黄金ほうとう
(豚肉＋鮑の煮貝入り)
2090円

山梨の名産品「アワビの煮貝」がのった贅沢なほうとう。スープにはアワビの肝のペーストが使われている

▶蔵をイメージした店舗。晴天時には大きな窓から富士山が望める

富士河口湖町役場周辺
こうしゅうほうとうこさく かわぐちこてん
甲州ほうとう小作 河口湖店

約11種とメニュー豊富なほうとうの専門店

山梨県内に展開するほうとう専門店。猪肉を使ったほうとうや小豆ほうとうなど、一風変わったほうとうが食べられる。

☎0555-72-1181 **住**山梨県富士河口湖町船津1638-1 **⏰**11時～20時15分LO **休**無休 **交**バス停役場入口から徒歩3分 **P**70台 **MAP**折込表G3

かぼちゃほうとう
1300円

店の一番人気メニュー。ほうとうの定番野菜のほかゴボウも入る

◀掘りごたつのある、座敷スタイルの店でくつろげる

📖 天下茶屋(**MAP**折込裏D2)は、かつて太宰治が逗留した茶屋。自家製合わせ味噌で調味するほうとうが味わえます。

旅の駅kawaguchiko baseで新鮮食材やグルメに舌鼓

2022年6月にオープンした新複合施設は、地元食材満載の「食のテーマパーク」。特産品がずらりと並ぶマルシェ、レストランなど、気になるグルメがたくさん！

ショップ & グルメ情報をチェック 🔍

▲広々としたマルシェには旬のとれたて野菜やフルーツがずらりと並ぶ

河口湖東岸
たびのえき かわぐちこ べいす
旅の駅 kawaguchiko base
富士山麓・山梨の恵みが集結

地産食材を取り揃えたマルシェや、山梨グルメが味わえるレストランを備える複合施設で、富士山麓地域の魅力を発信する新しい旅の拠点として注目を集める。生産者の情報やアレンジが加わった山梨名物などを通じて、新しい出合いを楽しみたい。

☎0555-72-9955 住山梨県富士河口湖町河口521-4 ¥入場料無料 休店舗により異なる 交富士急行河口湖駅から河口湖周遊バスで18分、河口湖美術館下車、徒歩18分 P181台 MAP折込表H1

▶河口湖から甲府市へ向かう国道沿いに位置する

オリジナルブランド「MEGU」

地域にゆかりのある企業と生産者に協力してもらい作り上げた、「旅の駅kawaguchiko base」のオリジナルプライベートブランド。山梨の「まこともの」を探した結果、もろこしほうとうや、スイートポテト、豚カレーなど、地域の特産食材を使用した多彩な商品ラインナップが登場している。

◀おひさまゼリー各500円～（奥）、旅するプリン1個550円（左）、旅する水餅620円（右）

🛒 あさまいちば
あさま市場
ここでのお買い物が旅の目当てに

近隣市町村はじめ、山梨県内から新鮮な野菜やフルーツが大集結。その数2000品目以上に上る。スイーツやワインはもちろん、独自ブランドの商品も販売している。おみやげ探しも目移り必至の品揃えだ。

☎0555-72-9955（旅の駅 kawaguchiko base）⏰9時30分～17時30分（冬期は～16時30分）休無休

▶「パンパンコーン」シリーズのコーンスナック590円（右）とポップコーン880円（左）。施設代表の伴（ばん）社長がパッケージデザインになっている

◀山梨県のワインが常時150種類以上揃うワインコーナーは必見。テイスティングもできる

かわぐちこ べーかりー
KAWAGUCHIKO BAKERY
地元で人気のパン工房が進出

富士吉田市で70年間、愛され続けているパン屋「手作りパン工房 サンクルー」が手がける新店舗。給食などにも提供している富士山のおいしい水を使用したバラエティ豊富なパンは毎朝焼きたてだ。1個180円～。

☎0555-28-7170 ⏰9時30分～17時30分（冬期は～16時30分）休無休

▲地元の人も焼きたてのパンを求めて訪れる

訪れたときにしか
出合えない
食やグッズも
楽しめます

旅の駅 kawaguchiko base では、屋内・屋外それぞれにイベントスペースも設けられています。食のポップアップショップや期間限定のマルシェ、ワインのワークショップなどが登場。

河口湖 ● 旅の駅 kawaguchiko base

🍴 テラスキッチン

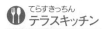
てらすきっちん

新名物を素敵な空間で味わおう

オープンテラス併設の大型レストラン。甲州ワインビーフや甲州富士桜ポーク、甲州地鶏を使ったオリジナルメニューが味わえる。名産のブドウや桃、サクランボといったフルーツのスイーツにも期待がふくらむ。

☎0555-72-9955（旅の駅 kawaguchiko base）🕘9時30分〜16時30分（冬期は〜15時30分）、グランドメニューは15時LO（冬期は14時LO）、テイクアウトメニューは16時LO（冬期は15時LO）🈂無休

▲山梨の食をテーマにした創作料理が楽しめる。店内は雄大な自然を望めるよう窓も大きな造りに（左）。テラス席はペット同伴OK！柱にリードフックも備えている（右）

**甲州牛
ローストビーフ丼
2980円**

山梨のブランド牛を使用したローストビーフの上にウニをトッピング。テラスキッチンの定番人気メニュー

**明太クリームほうとう
1280円**

ほうとうをパスタに見立てた一品。明太子がクリームソースでまろやかに仕上がっている

ワイナリー併設のカフェ & ショップにも注目

旅の駅 kawaguchiko base の近くにある、河口湖初のワイナリー「7c|seven cedars winery（セブンシダーズワイナリー）」。ワイナリー自慢の個性さまざまなワインが楽しめる、隣接のカフェ&ショップが2023年3月に登場。

せぶんしー すとあ あんど らうんじ
7c store & lounge

気軽にワインを楽しめる

河口浅間神社に立つ七本杉に由来する名前のワイナリー「セブンシダーズワイナリー」では、ブドウと栽培者の個性を重視したワインを醸造。ショップやラウンジで、ワインを購入したり、グラスで味わったりして楽しめる。

☎0555-25-7668 🏠山梨県富士河口湖町河口512-2 🕘9時30分〜17時30分（17時LO、季節により変動あり）🈂無休 🚌バス停河口湖美術館から徒歩15分 🅿181台 🗺折込表H1

▶デラウェア&ジーガレーベ スパークリングワイン 2022、オープン価格。セブンシダーズワイナリーの記念すべき1本目のスパークリングワイン。甘く芳醇な香りが特徴

▲ワイナリーのワインはもちろん、ワインにぴったりの食品や雑貨なども販売

▲カウンターに設置されたワインサーバーで飲み比べもできる

▶ラウンジメニューのジビエホットドッグセット1980円。地元のフレンチレストランが手がける鹿ソーセージを挟んでいる

📖 7c store & lounge では、ワインを堪能しながら滞在ができる宿泊施設「7c villa & winery」が、2024年春ごろに開業予定。

富士スバルラインで
富士山五合目へ爽快ドライブ

富士スバルラインは、絶景の山岳ドライブが楽しめる人気のルート。
終着の五合目は富士山に登る人だけでなく、観光客にも人気のスポットです。

富士山五合目付近は森林限界にあたり美しい富士を間近に望める

ふじすばるらいん
富士スバルライン

車で簡単アクセス。手軽に富士登山気分！

富士河口湖町から富士山五合目付近に至る、約24kmのドライブウェイ。標高1088m地点に料金所があり、そこから約40分で標高2305mの五合目に到達する。

☎0555-72-5244(山梨県道路公社富士山有料道路管理事務所) 💰普通車往復2100円(料金所までは無料) ⏰時期により異なる 🈺期間中無休(道路状況により通行止めあり。7月中旬～9月上旬〈予定〉はマイカー規制あり) **MAP**折込裏C3

▲▶目の前に富士山を望むドライブルート(上)。溝が刻まれた道路上を、車が時速50kmで走行することで、『ふじの山』のメロディが鳴る(MAP折込裏C3)

マイカー規制に注意！

夏期には、例年マイカー規制が行われる(予定)。期間中は、富士山パーキング(山梨県立富士北麓駐車場)(MAP折込裏F2)からシャトルバス(片道1470円、往復2100円 ※2023年4月時点。詳細は富士急バスに要問合せ)が運行。

富士スバルラインの駐車場情報

●一合目下駐車場…料金所から約3km。天気のよい日には富士山がバッチリ見える。
●大沢駐車場…料金所から約16.5km。標高は2000mを超え、売店がある唯一の駐車場。
●奥庭駐車場…料金所から約21km。徒歩約5分で奥庭。
●五合目駐車場…第1、第2、坂下バス駐車場(330台)からなる。観光シーズンには駐車待ちの渋滞ができることもある。

郵便局でも富士山のグッズを展開

五合園レストハウス内にある「富士山五合目簡易郵便局」では、手紙を建物内のポストに投函すると押してもらえる記念押印や富士山が描かれた各種グッズが人気。
☎090-4077-3776

▲ 奥庭から望む秋の富士山

ふじすばるらいんごごうめ
富士スバルライン五合目

見晴らし抜群。食事も買い物も楽しめる

富士スバルラインの終点で、標高2305m、富士登山・吉田ルートのスタート地点。売店、レストランが立ち並び、富士山モチーフのみやげや食事メニューが充実している。

☎0555-72-5244(山梨県道路公社富士山有料道路管理事務所) ⓎⓈⓉ施設により異なる 富士急行富士山駅から富士急バス富士スバルライン五合目行きで1時間、終点下車すぐ Ⓟ330台 MAP折込裏C3

▲ 登山客や観光客で賑わいをみせる五合目広場

注目スポットをチェック！

ふじさんみはらし
富士山みはらし

1階には登山用品コーナーがあり、小物から衣類まで幅広く揃う。2階には食堂、3階には宿泊施設がある。

☎0555-72-1266 Ⓗ山梨県富士吉田市上吉田小御岳下5617-42 Ⓣ4月中旬～12月末8時30分～17時 (7・8月7時～19時)、食事処は～16時30分LO (7・8月7時～18時30分LO) Ⓗ期間中無休 (道路通行止め時は休業) Ⓢバス停富士山五合目から徒歩2分

▲ 富士山ホットケーキ600円。小腹を満たすのにちょうどよいボリューム

▲ 噴火カレー980円。ご飯が富士山形に盛られている名物カレー

▶ 富士スバルラインの開通以前から営業している

◀ 富士山メロンパン300円。1階の売店で販売。焼きたて時には多くの人が訪れる

◀ 富士山印鑑850円。富士をあしらったデザインが秀逸

ごごうえんれすとはうす
五合園レストハウス

原木丸太を使った、創業約90年の観光施設。富士山グッズを扱う売店のほか、食事処や富士火山学術資料館、簡易郵便局などがある。

☎0555-72-1251 Ⓗ山梨県鳴沢村富士山8545-1 Ⓣ4月中旬～12月上旬9～17時 (5・6月7～18時、7～9月中旬4～20時、9月下旬～10月9～16時、12月9～16時) Ⓗ期間中無休 (道路通行止め時は休業) Ⓢバス停富士山五合目からすぐ

ふじさんこみたけじんじゃ
冨士山小御嶽神社

承平7年 (937) に創建された神社。毎年7月1日の早朝に、富士山の開山祭りが行われる。

☎0555-72-1475 Ⓗ山梨県富士吉田市上吉田小御岳下5617 Ⓣ拝観無料 Ⓣ3月下旬～1月3日9～17時 (季節により変動あり) Ⓗ期間中参拝自由 (道路通行止め時は閉社) Ⓢバス停富士山五合目から徒歩3分

▲ 小御嶽太郎坊正真という天狗様が祭られている

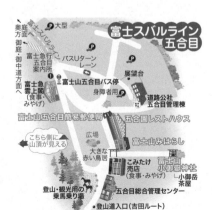

富士スバルライン五合目

五合目広場では、乗馬体験も行っています。上りは五合目から六合目まで、下りは七合目から五合目まで可能。

富士山信仰の玄関口
富士吉田の2大パワースポットへ

富士山信仰の祈りの地である浅間神社は、霊峰の歴史が垣間見える場所です。
お参りをしたら、四季折々に見られる美景を見に行きましょう。

▲富士吉田市の市街地の明かりが、富士山を浮かび上がらせる夜景

▲398段の石段「咲くや姫階段」を上ると忠霊塔や展望デッキに行ける。約650本のソメイヨシノの見頃は4月中旬

新倉富士浅間神社
あらくらふじせんげんじんじゃ

富士山・五重塔・桜
ザ・日本を感じる眺望も魅力

慶雲3年（706）創建の神社。戦国時代には武田信玄の父・信虎が必勝祈願をし、その後、刀を奉納したと伝わる。新倉の中腹に位置し、戦没者を慰霊するために建てられた五重塔（忠霊塔）からの景色は、海外ガイドブックの表紙を飾ったこともあり、海外からの参拝者も多い。

☎0555-23-2697（社務所）🏠山梨県富士吉田市浅間2-4-1 🕐🈵🈺参拝自由（御朱印は書き置きのみ）🚃富士急行下吉田駅から徒歩10分 🅿87台 🗾MAP折込裏G1

❶厳かな雰囲気が漂う二間社流造（にけんしゃながれづくり）の本殿 ❷まずは手水舎で身を清めてからお参りを

お守り ＆ 御朱印を CHECK

▶絶景が描かれた開運招福の絵馬は500円〜

▲お守り500円。展望デッキから見える景色が描かれている

▶墨書の「富士」の字がひときわ目立つ。限定版も含めて常時3種類の御朱印を用意

金運アップの
ご利益で
話題沸騰中！

「新屋 山神社」は金運神社の通称で、近年多くの参拝者が訪れる神社。本宮(写真)と奥宮があり人富士山二合目の「へだの辻」にある奥宮が、特に金運にご利益ありといわれています(冬期は奥宮の参拝不可)。
☎0555-24-0932
MAP 本宮:折込裏G3／奥宮:折込裏C3

▲きらびやかな拝殿は国指定重要文化財。奥に本殿がある

【上吉田】
きたぐちほんぐうふじせんげんじんじゃ
北口本宮冨士浅間神社

多くの富士登山者が
祈りを捧げた神秘的な古社

約1900年の歴史を誇る古社。富士山に対して拝礼を行う祭祀場に始まり、延暦7年（788）、現在の地に社殿を建立。16世紀半ばに社殿群が整った。吉田口登山道の入口でもある。檜の巨木が立ち並ぶ参道は荘厳な雰囲気。
☎0555-22-0221 住山梨県富士吉田市上吉田5558 料拝観自由（個人祈祷は5000円～、9～16時）交富士急行富士山駅から周遊バス「ふじっ湖号」で6分、浅間神社前下車すぐ P150台 MAP折込裏G3

1 8月26・27日には日本三奇祭の一つ「吉田の火祭り（鎮火祭）」が行われる 2 参道の奥に立つ鳥居。木造の鳥居としては日本最大級 3 拝殿前にはご神木、冨士夫婦檜と冨士太郎杉がそびえる。ともに樹齢は約1000年

お守り & 御朱印を CHECK

▶仕事に関するお守りの生業守1000円（右）と、安産御守500円（左）

▼北口本宮冨士浅間神社と、境内の諏訪神社の御朱印もある

北口本宮冨士浅間神社では、4月下旬と10月中旬、境内にある「七色もみじ」が見頃を迎えます。

世界遺産・富士山の歴史や文化を ミュージアムで楽しく学びましょう

平成25年(2013)に世界文化遺産に登録された富士山。
さまざまな展示を通して、その歴史や文化、人々の暮らしについて、理解を深めましょう。

富士河口湖町

やまなしけんりつふじさんせかいいさんせんたー

山梨県立富士山世界遺産センター

四季折々の富士山を巨大なオブジェで再現

デジタル技術を駆使した展示で富士山の自然や文化について学べるミュージアム。富士山の巨大オブジェが目玉の南館、自然に関する展示や観光案内所のほか、カフェ、ミュージアムがある北館からなっている。

☎0555-72-0259 🏠山梨県富士河口湖町船津6663-1 💴入館無料 🕐9〜17時(季節により変動あり) 🈳無休(南館は第4火曜) 🚃富士急行河口湖駅から無料巡回バスで5分、富士山世界遺産センター下車すぐ 🅿78台 **MAP**折込裏F2

主なみどころをチェック！

南館1F
胎内ビジョン
富士山に関する伝説・信仰のかたち・古今東西の芸術作品などを、「冨嶽三六〇」に内蔵したスクリーン映像で紹介。

南館1F
八葉めぐり
富士山頂を一周する八葉めぐりを火口のパノラマ写真で紹介。ご来光、御来迎、影富士の映像も映し出される。

南館1F
冨士北麓参詣曼荼羅
信仰の山としての富士山を表現した、画家・山口晃氏の作品。甲府や富士吉田の街、関東平野も描かれている。富士山麓には富士急ハイランドなどもあるので、じっくり鑑賞してみて。

南館2F
冨嶽三六〇
和紙を使って富士山の姿を1000分の1スケールに再現したシンボルオブジェ。360度・全方位から富士山の多彩な表情を観察できる。

▲ 夏の朝に見られる「赤富士」を再現

グルメ＆おみやげはコチラ

▲ 富士山や山梨にまつわるおみやげも充実しているショップ

▲ 「FUJIYAMA CAFE」のフジヤマソフト450円(左)と、青い富士山カレーセット(サラダ・ドリンク付き)1500円(右)

防災と気象観測を学べる体験学習施設

道の駅 富士吉田（☞P44）の中にある「富士山レーダードーム館」では、気象観測や防災について楽しく学ぶことができます。また、富士山頂の寒さが体験できるコーナー（写真）も備え、展望スペースからは、富士山が眺められます。
☎0555-20-0223 MAP 折込裏G3

富士吉田

ふじさんみゅーじあむ
ふじさんミュージアム

デジタル技術や立体模型など富士山を深く学べる仕掛けが充実

富士山信仰と郷土の歴史について学べる体験型施設は、外観にも富士山が描かれている。映像などを使ったわかりやすい展示が好評だ。オリジナルの富士山グッズが揃うミュージアムショップも魅力。
☎0555-24-2411 🏠山梨県富士吉田市上吉田東7-27-1 💴入館400円 🕘9時30分～17時（入館は～16時30分）🈁火曜（GW、7・8月は無休）🚃富士急行富士山駅から周遊バス「ふじっ湖号」で16分、ふじさんミュージアムパーク前下車すぐ 🅿105台 MAP 折込裏G3

主なみどころをチェック！

おみやげはコチラ

▲クリアホルダー各300円。江戸時代の浮世絵や御師が摺ったお札などをデザイン

▶富士山午玉トートバッグ1500円。図柄は御師が実際に摺った午玉札（ごおうふだ）

ヘリテージ富士
1/2000サイズの大型立体模型の富士山が存在感を放つ。プロジェクションマッピングを通して、富士山の四季などを学べる。

ふじさんVRシアター
富士登山や富士山の絶景が360度と床面に映し出される。1時間に2回上映。上映時間は12分。

富士山信仰の起源と変遷
富士山の神やその信仰の歴史を紹介する。富士講の信者を世話した御師（おし）に関する資料も展示。

2023年4月オープン♪
ふじさんミュージアムパークを散策

ふじさんミュージアム周辺一帯が、公園として整備され、古民家カフェや滝を眺めるデッキが登場。

こみんかかふぇ このはな
🍛 **古民家カフェ KONOHANA**

江戸時代末期に建てられた住宅を正確に復元した御師住宅「小佐野家復原住宅」をリノベーション。食品や雑貨などを扱うショップも併設。
☎0555-28-5737 🏠山梨県富士吉田市上吉田東7-27-1 🕘10～17時（16時LO）🈁不定休 🚃バス停ふじさんミュージアムパーク前からすぐ 🅿約90台 MAP 折込裏G3

▲山梨県産信玄どりのスパイスカレー1350円。地元の食材を使った料理も充実している

かねやまのたき
📷 **鐘山の滝**

落差約10mの2条の滝で、周囲の岩は富士山噴火により形成された溶岩。春はツツジ、秋は紅葉が彩りを添える。
☎0555-21-1000（ふじよしだ観光振興サービス）🏠山梨県富士吉田市上吉田東 💴🕘散策自由 🚃バス停ふじさんミュージアムパーク前からすぐ 🅿93台 MAP 折込裏G3

▲山中湖や忍野八海に端を発する富士山伏流水も流れる
写真提供：ふじよしだ観光振興サービス

「山梨県立富士山世界遺産センター」では、タイムラプス映像で富士登山を体験できるコーナーもあります。

江戸から続く歴史にふれる
富士吉田の懐かしさんぽみちへ

富士山信仰の歴史遺産や、織物産業で栄えた名残が見られる富士吉田。
古きよき街並みの散策と、お気に入りのハタオリアイテム探しを楽しみましょう。

おすすめコース

- **スタート** 下吉田駅
  ↓ 0.6km／約9分
- ① **本町通り**
  ↓ 0.1km／約1分
- ② **西裏地区**
  ↓ 1.2km／約20分
- ③ **ハタオリマチ案内所**
  ↓ 0.5km／約7分
- ④ **ヤマナシハタオリトラベル MILL SHOP**
  ↓ 0.4km／約6分
- ⑤ **金鳥居**
  ↓ 0.5km／約7分
- ⑥ **旧外川家住宅**
  ↓ 1.5km／約25分
- ⑦ **北口本宮富士浅間神社**
  ↓ 2.0km／約30分
- **ゴール** 富士山駅

ハタオリとは？

シルクの糸で織った高密度で光沢のある織物で、富士山の天然水を使って染めた、鮮やかな色みが特徴。服地やインテリア生地、傘地など、さまざまな用途に使われている。毎月第3土曜には、織物工場や染色工場が、工場・併設ショップを公開している。要予約（富士吉田織物協同組合☎0555-22-2164）

▲ 色とりどりの生地がいっぱい

下吉田

① 本町通り
ほんちょうどおり

富士山の麓に広がる昭和レトロな商店街

提灯や電線という、古くからの商店街がもつ雑多な街並みの向こうに見える富士山。そのレトロさが、海外からの観光客を中心に話題に。

☎0555-21-1000（ふじよしだ観光振興サービス）🏠山梨県富士吉田市下吉田2-1 ¥🕐 🈺散策自由 🚃富士急行月江寺駅から徒歩7分 🅿️市営駐車場利用 MAP 折込裏G1

▲ 本町2丁目交差点からの風景。住宅街なので静かに歩こう

▲ 歩けばかわいい提灯や昔ながらの看板も見つかる

下吉田

② 西裏地区
にしうらちく

昭和のノスタルジックな飲み屋街

昭和レトロな雰囲気で若者を中心に近年人気を集めるエリア。リノベ系の古民家居酒屋をはじめ、食事やはしご酒にぴったりなお店などが軒を連ねる。

☎0555-21-1000（ふじよしだ観光振興サービス）🏠山梨県富士吉田市下吉田 ¥🕐🈺店舗により異なる 🚃富士急行月江寺駅から徒歩7分 🅿️市営駐車場利用 MAP 折込裏G1

富士山駅

③ ハタオリマチ案内所
はたおりまちあんないじょ

ハタオリ文化にふれてみよう

富士山駅直結の高速バス発着所内に位置。富士吉田エリアの織物工場の地図や生地見本をチェックしてみよう。ハタオリグッズや生地の販売もしている。

☎0555-22-2164（富士吉田織物協同組合）🏠山梨県富士吉田市上吉田2-5-1 🕐10時～16時30分 🈺不定休 🚃富士急行富士山駅直結 🅿️400台 MAP 折込裏G2

▶ 30㎝～の量り売りのほか、ハギレ1500円～などを販売

富士山駅

④ ヤマナシハタオリトラベル MILL SHOP
やまなしはたおりとらべる みる しょっぷ

工場から直接届く質のよい品がズラリ

県内の織物工場を中心に、手作りの商品が集まる。伝統の技に、現代的なデザインを織り交ぜた品は、どれも長く使い続けたくなる。

DATA ☞P45 MAP 折込裏G2

▶ 彩り鮮やかで、ギャラリーを訪れているかのような店内

「御師」って
どんな人たち？

指導的立場にあり人富士講信者たちを自宅に迎え、食事や宿泊の世話をした人たちのこと。かつて80以上の御師住宅があった富士吉田市には現在も10軒以上が残り、うち2軒が世界遺産の構成資産。「御師町さんぽガイドツアー」で深く学べます。
☎0555-24-8660（御師町お休み処インフォメーションセンター）MAP折込裏G2

▲ 屋敷内には富士山の神を祭る神殿が設けられていた

▲ 宿坊時代に宿泊者をもてなした食器など

富士山駅周辺
❻ 旧外川家住宅
きゅうとがわけじゅうたく

代々富士講信者を迎えた御師住宅

明和5年（1768）の建造で、現存する御師住宅のなかで最も古い建物の一つ。1960年代ごろまで信者を受け入れていた住宅で、現在はふじさんミュージアムの附属施設として当時の品々や資料を展示している。

▲ 母屋は約250年前に建てられた当時のまま

☎0555-22-1101 🏠山梨県富士吉田市上吉田3-14-8 💴入館100円 🕘9時30分〜16時30分最終入館 🈳火曜（祝日の場合は開館）🚉富士急行富士山駅から徒歩7分 🅿20台 MAP折込裏G2

上吉田
❼ 北口本宮冨士浅間神社
きたぐちほんぐうふじせんげんじんじゃ

富士山信仰の拠点として知られる古社

富士山の女神として知られる木花開耶姫命を祭る。創始より1900年以上の歴史を誇り、富士講信者が登山の無事を祈り、登山道の起点として栄えた。本殿は国指定の重要文化財。

DATA ☞P35
MAP折込裏G3

▶ 木造では日本最大級を誇る富士山大鳥居

▲ 明治後期の金鳥居周辺の様子

富士山駅周辺
❺ 金鳥居
かなどりい

御師町のシンボルで富士山登山道の入口

青銅で造られた鳥居で、吉田登山道へと続く御師町の入口に立つ。かつては富士講信者を受け入れる門であり、富士山信仰の世界との境界として位置付けられていた。

▲ 高さ10.5mの鳥居。一の鳥居ともよばれる
写真提供：ふじよしだ観光振興サービス

☎0555-21-1000（ふじよしだ観光振興サービス）🏠山梨県富士吉田市上吉田 💴🕘🈳見学自由 🚉富士急行富士山駅から徒歩4分 🅿なし MAP折込裏G2

富士山駅の駅ビル「富士急ターミナルビル Q-STA（きゅーすた）」では、富士山グッズや地元銘菓が揃い、名物・吉田のうどんも楽しめます。

絶景やグルメスポットにも注目。富士急ハイランドをのんびり楽しむ

数々の絶叫マシンで名高い富士急ハイランドには、ほかにもお楽しみが盛りだくさんです。絵本の世界を再現したおしゃれなエリアや、絶景観賞ができるスポットをご案内。

ふじきゅうはいらんど
富士急ハイランド

気分は最高潮！
大人も楽しい絶叫の聖地

加速度や落下角度などでギネス世界記録をもつ、超絶叫アトラクションが多数揃う。周辺地域のおみやげやグルメも充実。「リサとガスパール タウン」などのテーマエリアのほか、日帰り温泉や美術館が隣接しており、幅広い楽しみ方ができるのが魅力だ。

☎なし 住山梨県富士吉田市新西原5-6-1 ¥入園無料、フリーパス6000〜6800円 ⏰9〜17時(土・日曜祝日は〜18時季節により変動あり) 休不定休(要問合せ) 交富士急行富士急ハイランド駅からすぐ P5000台(90分無料、特定日を除いて1日1500〜2000円) MAP折込裏F2

絶叫マシンをチェック

FUJIYAMA
平成8年(1996)誕生。地上79m、20階建でビルに相当する高さから急降下する、施設を代表するコースター。

ええじゃないか
後ろ向きに巻き上げられ、地上76mから落下。ループとひねりだけでなく、座席も前後に回転するのが特徴。

注目スポットをピックアップ！

❶リサとガスパール タウン

フランスの人気絵本『リサとガスパール』がテーマのエリア。作品の舞台・パリの街を再現したタウン内でティータイムや買い物を楽しもう。

▲エッフェル塔や噴水庭園、カフェやショップが並び、まるで絵本の中に入り込んだかのような気分になれる
© 2023 Hachette Livre

レ レーヴ サロン・ド・テ

パリの劇場を思わせる店内で、パティシエ特製のスイーツなどが楽しめるティーサロン。1階のパティスリーブティックでは、焼き菓子やアフタヌーンティーギフトを販売している。

▶アフタヌーンティーセット4500円(1名分)。4種類から選べる軽食、ケーキ、焼き菓子と紅茶のセット※写真は2名分、前日までに要予約

▲店名はフランス語で"夢のティーサロン"の意味

カフェブリオッシュ

職人が手がける約20種類の焼きたてパンを販売。パリの街角にあるカフェのような店内では、ドリンクメニューも提供している。のんびり過ごせるテラス席が人気だ。

▲天気のいい日はテラス席でパリ気分を満喫

▼リサのクリームパン350円

▶FUJIちゃん、420円

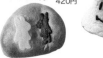

**隣接する
温泉入浴施設で
くつろぐ**

富士急ハイランドから徒歩3分のところにある「ふじやま温泉」。岐阜県・飛騨高山の町家造をモチーフにした日本最大級の純木造浴室には、保湿・美肌効果が高いメタケイ酸を豊富に含む天然温泉を引いています。
☎0555-22-1126 **MAP** 折込裏F2

富士吉田 ● 富士急ハイランドをのんびり楽しむ

❷ FUJIYAMAタワー

ジェットコースター「FUJIYAMA」が誕生25周年を迎えたときに、日々の点検を行うために建設された「FUJIYAMAタワー」の最上階を一般に開放した。

FUJIYAMAスカイデッキ

目の前を「FUJIYAMA」車両が猛スピードで走り抜ける様子と、その向こうに裾野を延ばす富士山を一望できる。
料金 時期により異なる(フリーパス可)

▶絶叫マシンが苦手な人でも簡単に高所からの絶景を楽しめる

▲FUJIYAMAのレールに囲まれたタワー

FUJIYAMAウォーク

地上50mの手すりのない通路をハーネスを付けて周回するアトラクション。
料金 時期により異なる(フリーパス不可)

◀年齢制限はないが、身長140cm未満は利用不可

FUJIYAMAスライダー

専用のスライディングマットに寝そべり、地上まで全長120mの距離を20秒で一気に降下する。
料金 時期により異なる(フリーパス不可)

◀日本で最長のチューブ型スライダー。身長130cm以上、64歳以下が対象

❸ グルメ&おみやげスポット

エリア最大規模のみやげ店やユニークなレストランが揃う富士急ハイランド。入園が無料のため、グルメやショッピングも気軽に楽しめる。

しょっぷふじやま
ショップFUJIYAMA

アトラクションのオリジナルグッズから、山梨県の名産品まで、2000種類ほどのアイテムを扱う。

▲フジヤマ盛ポテトチップス940円は大容量420g(左)。激辛柿の種絶叫対決470円。とうがらし味とわさび味の激辛柿の種(右)

▶富士急ハイランドのアートが描かれた白壁も見逃せない

ろんぐ! ろんがー‼ ろんげすと‼
LONG! LONGER‼
LONGEST‼

チュロスやトルネードポテトなど、日本一の長さを誇るスナックを販売している。

▲山梨県初出店。ボリューム満点のメニューを楽しもう

▶長さ60cmのカラフルなコットンキャンディー800円

ふーどすたじあむ
フードスタジアム

さまざまなジャンルの飲食店が並ぶフードコートは、園内でも最大規模の食事処。

▲2階席や子ども向けエリアもある

▲すたみな丼1200円。伝説のすた丼屋監修、富士急オリジナルすた丼(左)。ゴーゴーカツカレー1350円。ゴーゴーカレー監修の一品(右)

📖 とことん楽しむなら、富士急ハイランドに直結し、特典も付いてくるオフィシャルホテルの利用もおすすめです。

富士2大麺の一つ
吉田のうどんをいただきましょう

富士吉田で古くから宴会や慶事の席で食べ継がれてきたご当地うどん。
市内には60軒以上の店があり、それぞれの味を競っているので、食べ比べも楽しみです。

麺
コシが強く、歯ごたえがあり、長めなのが特徴

ツユ
醤油ベースにカツオとイワシの混合削り節を使ったマイルドな味わい

具材
ゆでキャベツを盛るのが定番。店のオリジナリティがでる

富士山駅周辺
しらすうどん
白須うどん

富士吉田の地元住民も
絶賛の味

創業40年以上の吉田のうどんの老舗。メニューはかけ、つけと馬肉をのせた肉かけ、肉つけのみ。手打ちの麺はコシが強く食べごたえ十分だ。

☎0555-22-3555 🏠山梨県富士吉田市上吉田東6-1-44 🕐11〜15時（売り切れ次第終了）🈺日曜 🚉富士急行富士山駅から徒歩20分／富士急行富士山駅から富士吉田市内循環バスタウンスニーカー・中央循環左回りで15分、大溝下車、徒歩5分 🅿18台
MAP 折込裏D2

▲国道139号の富士見バイパス沿いにある

かけうどん（並）
500円
キャベツとニンジンがのった創業以来の伝統のうどん。キャベツは50円でトッピングできる

欲ばりうどん　700円
肉やちくわ天、きつね、わかめなどその名のとおりトッピングが盛りだくさん

▲ 女性一人でも入りやすい明るい雰囲気

富士山駅周辺
めんきょかいでん
麺許皆伝

モチモチの麺とさっぱり味のツユ！

醤油と味噌ベースのさっぱりとしたツユが、ツルツルとした麺によく合う。かき揚げ、ちくわ天、油揚げなどトッピングは約10種と充実。

☎0555-23-8806 🏠山梨県富士吉田市上吉田東1-4-58 🕐11〜14時（麺がなくなり次第閉店）🈺日曜 🚉富士急行富士山駅から徒歩10分 🅿20台 **MAP** 折込裏G2

新しい スタイルの 吉田のうどんも 試してみたい	「吉田うどん ふじや」では、地元高校生のアイデアから生まれた、竹炭入りの黒ふじやうどん950円（写真）をはじめ、変わり種の吉田のうどんを楽しめます。濃厚な味わいのチーズ黒カレーうどん900円もおすすめ。 ☎0555-24-3271 **MAP** 折込裏G2

富士吉田 ● 吉田のうどんをいただきましょう

上吉田
ふじさんしょくどう。
ふじ山食堂。

創業以来変わらぬ
手作りの味を守る

古民家を改装して造られた定食屋さん。富士登山者が山頂まで登りきれるようにと、太い麺やたっぷりの具材など、ボリューム満点で食べごたえがあるメニューを提供している。
☎0555-23-3697 住山梨県富士吉田市上吉田6-9-6 営11〜14時（土・日曜、祝日は〜15時）休火曜 交富士急行富士山駅から徒歩15分 P15台 **MAP** 折込裏G2

▲座敷席で古民家風の心地よい空間

富士登山うどん **800円**
キャベツ、豚肉、ワカメ、かき揚げなどがトッピングされた大満足の一杯

肉うどん（中）**500円**
醤油と味噌を合わせたツユ。キャベツや甘辛く味付けした馬肉に合う。辛味や天かすはお好みで

▲天気がいい日には、店の駐車場から富士山を望める

下吉田駅周辺
みうらうどん
みうらうどん

味の変化を楽しめる「辛味」を導入した店

吉田のうどんの薬味として多くの店に置いてある、とうがらしベースの「辛味」を初めて導入した店。トッピングのキャベツは、1枚ずつゆでるため食感がよい。
☎0555-30-2377 住山梨県富士吉田市下吉田1-22-5 営10〜14時 休水曜（祝日の場合は営業）交富士急行下吉田駅から徒歩10分 P25台 **MAP** 折込裏D2

かけうどん（並） **450円**
うどんそのものの味を楽しめるよう、具はキャベツと油揚げのみを使用

▲国道139号から1本入った通りに店を構える

下吉田
さくらいうどん
桜井うどん

ゆでキャベツ入りの元祖シコシコ極太麺の老舗

トッピングに初めてゆでキャベツを使った老舗うどん店。麺を1日3〜4回に分けて打つので、いつでも打ちたてが味わえる。ツユは醤油＋味噌のさっぱり風味。
☎0555-22-2797 住山梨県富士吉田市下吉田5-1-33 営10時〜14時30分（麺がなくなり次第閉店）休日曜 交富士急行月江寺駅から徒歩10分 P5台 **MAP** 折込裏G1

吉田のうどんは、生地を足踏みし、寝かせることでしっかりとした弾力のある麺になり、噛めば噛むほど味が出ます。

キュートな雑貨やお菓子がいっぱい
かわいい富士山をお持ち帰り

安定感バツグンでご利益がありそうな富士山の形。
幸運を呼び込む末広がりのスタイルは、みやげのモチーフとして大人気です。

A
世界の
富士山ケーキ
3618円

鮮やかな青に染めたホワイトチョコレートで、チョコマーブルの生地をコーティングしたケーキ

C
ふじフォン
993円（小）〜

添加物を一切使用しない富士山の形のシフォンケーキ。粉砂糖で雪化粧していている。サイズは5種類

C
ふじフォンラスク
129円（2枚）〜

シフォンケーキを切り分けて作るラスクで、さくっと軽い口当たり。プレーン・チョコレート・抹茶など。1箱756円

B
FUJIYAMA COOKIE
プレーン1枚160円〜

素材本来の味を生かしたクッキー。バニラやストロベリーなど生地は全5種あり、チョコがけやトッピングタイプも揃う

A
ふじさんプリン
453円

朝霧高原の牛乳と特選富士卵を使ったプリン。とろりとした食感で甘さ控えめ

グルメみやげ
富士山をモチーフにした味みやげが盛りだくさん

D
青い富士山
カレー
864円

見た目がインパクト大のカレーだが、味は本格派。赤い富士山カレーもある

D
富士山のじゃり
1袋519円

富士山の麓の素材で作られた無添加＆グルテンフリーのグラノーラ

A 河口湖周辺

ら・う゛ぇるでゅーる
きむらや かわぐちこてん
ラ・ヴェルデュール
木村屋 河口湖店

無添加の手作りスイーツ

ふじがね高原牛乳や地元産ハチミツなどで作るケーキやジェラートが人気。
☎0555-73-1511 住山梨県富士河口湖町小立8017-1 フォレストモール富士河口湖 ●10〜19時 休火曜（祝日の場合は翌日）交富士急行河口湖駅から鳴沢・精進湖周遊バスで16分、フォレストモール富士河口湖下車すぐ Pフォレストモール駐車場利用500台 MAP折込表F3

B 河口湖東岸

ふじやま くっきー
FUJIYAMA
COOKIE

富士山形のクッキーを
専門に作る店

国産小麦粉や富士山のチーズなど、厳選した素材で毎日丁寧に作るフジヤマクッキーが好評。
☎0555-72-2220 住山梨県富士河口湖町浅川165-1 ●10〜17時（季節により変動あり）休第2・4火曜（祝日の場合は翌平日）交富士急行河口湖駅から徒歩15分／富士急行河口湖駅から河口湖周遊バスで11分、遊覧船・ロープウェイ入口下車すぐ P3台 MAP折込表H2

C 富士吉田

しふぉんふじ
シフォン富士

地元の食材で丁寧に
仕上げるシフォンケーキ

常時8種類のシフォンケーキを揃える専門店。卵や牛乳は地元食材を使うなど、材料にもこだわる。
☎0555-24-8488 住山梨県富士吉田市大明見2-23-44 ●10〜18時 休火曜、第4水曜（祝日の場合は営業）交富士急行富士吉田駅から内循環バスタウンスニーカー・上暮地・明見循環左回りで15分、大明見浄水場入口下車すぐ P5台 MAP折込裏D2

D 富士吉田

みちのえき ふじよしだ
道の駅 富士吉田

地場の特産品が
豊富に揃う

地元の名物グルメや名産品、オリジナル商品などが集まり、食事処や産直所も充実している。
☎0555-21-1033 住山梨県富士吉田市新屋3-7-3 ●9〜17時（土・日曜、祝日は〜18時）、軽食コーナー10〜16時 ※季節によって変動あり 休無休 交富士急行富士山駅から周遊バス「ふじっ湖号」で15分、富士山レーダードーム館前下車すぐ P269台 MAP折込裏G3

映えるカラフルな
富士山食パンは
インパクト抜群

「FUJISAN SHOKUPAN」は、河口湖駅の近くの食パン専門店。富士山をモチーフにした話題の食パン864円には、県内産小麦、富士山の天然水、山梨県産巨峰ジュースを使用しています。食パンは電話予約も可能。
☎0555-72-9908 **MAP** 折込表G3

河口湖・富士吉田 ● かわいい富士山をお持ち帰り

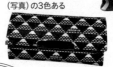

Ⓔ 三角ふじ 1045円
四角いメモを半分に折ると富士山になる5色のメモ

Ⓕ ガラス箸置き 富士山 赤 各550円
赤富士をモチーフにしたガラス製の箸置き

Ⓕ キーケース 3960円
富士山柄の印伝がおしゃれ。黒地に赤、黒、白漆（写真）の3色ある

Ⓖ トート富士山 RT.MED.FUJI 各2750円
荷物もたっぷり入る富士山形のトートバッグ2種

Ⓖ がま口 1320円
ポップな♡富士山のモノグラムが、富士山みやげにぴったりの小銭入れ

雑貨・小物
富士山が描かれたおしゃれな小物を旅の記念に

Ⓔ ふじさん御朱印帳 各1650円
春夏秋冬の4種類があり、富士山の四季を和紙で表現

Ⓔ めでたや炭々 2200円
室内用消臭炭で、富士山に松竹梅をあしらった実用的な置き飾り

Ⓖ 招福杯 桜富士 各2200円
晴桜、淡桜、夜桜、山桜の4タイプで、日本酒がおいしく飲めそう

Ⓗ 富士山ハンカチ 各550円
オーガニックコットンを草木染め。やさしい肌ざわり

Ⓔ 河口湖北岸
めでたや
めでたや

四季折々の暮らしを豊かにしてくれる和紙

山梨ブランド〈めでたや〉〈SIWA|紙和〉のメーカー直営店。和紙を使った小物雑貨を中心にアクセサリーやバッグなども扱う。

☎0555-72-8313 住山梨県富士河口湖町大石1477-1富士大石ハナテラス（☞P21）内 時9時30分〜17時 休無休 交富士急行河口湖駅から河口湖周遊バスで27分、河口湖自然生活館下車すぐ P70台 **MAP** 折込表F1

Ⓕ 河口湖北岸
しるし
しるし

山梨伝統の印伝も富士山柄で

鹿革に漆で模様を付けた山梨の伝統工芸品・印伝を中心にした小物や雑貨を扱うショップ。現代でも使用しやすいデザインの伝統工芸品も充実している。

☎0555-72-9157 住山梨県富士河口湖町大石1477-1富士大石ハナテラス（☞P21）内 時9時30分〜17時 休無休 交バス停河口湖自然生活館からすぐ P90台 **MAP** 折込表F1

Ⓖ 富士吉田・富士山駅
げーとうぇい ふじやま ふじさんえきてん
Gateway Fujiyama 富士山駅店

何でも揃う駅ビルのおみやげ店

富士山の駅ビル内にある。富士山モチーフの雑貨や食器、グルメみやげが豊富に揃う。

☎0555-23-1120 住山梨県富士吉田市上吉田2-5-1富士急ターミナルビルQ-STA内 時10〜20時（季節により変動あり）休不定休 交富士急行富士山駅直結 P424台 **MAP** 折込裏G2

Ⓗ 富士吉田・富士山駅
やまなしはたおりとらべる みる しょっぷ
ヤマナシ ハタオリトラベル MILL SHOP

山梨の機織り文化を発信

県内の織物工場12社が立ち上げたアンテナショップ。手作りの品々がずらり。

☎0555-23-1111（富士急ターミナルビル Q-STA）住山梨県富士吉田市上吉田2-5-1富士急ターミナルビルQ-STA内 時10〜20時（季節により変動あり）休不定休 交富士急行富士山駅直結 P424台 **MAP** 折込裏G2

道の駅 富士吉田は、エリア随一の規模。富士山の伏流水を汲めるスペースもあります。

グランピングリゾートで
贅沢おこもりステイ

富士山麓の自然を感じながら一晩を過ごせる、注目のグランピング施設をご案内。
食事もあり、快適に過ごせる設備も整っているので、キャンプが初めてでも大丈夫です。

PICAオリジナルのドームテントでは、自然と一体化したように感じられる

▲13棟あるアメージングドーム（定員4名）。食事はドーム横のシェードで

❁Note
●車いす入場OK
●食材は4日前までに要予約
●ゲストハウスで燃料の販売あり

富士スバルライン周辺 🚻🏕️🏠🍴🐾 ※ペットは一部のみ

ぴか ふじやま
PICA Fujiyama

設備も充実!
くつろぎのリゾートステイを満喫

富士山が望めるハイクラスのキャンプリゾート。冷暖房・トイレ・バスルーム完備のコテージやドーム型テント、ウッドデッキ付きテントサイトなど宿泊スタイルは多彩。富士山麓でのアクティビティも楽しめる。

☎0555-30-4580（PICAヘルプデスク）🏠山梨県富士河口湖町船津6662-10 ¥1泊2食付1万円〜 ⏰IN14時／OUT11時（GW、夏期は無休。冬期は不定休）休水・木曜富士急行富士急ハイランド駅から富士急 無料巡回バスで28分、PICA Fujiyama下車すぐ P60台 MAP折込裏C3

1 2棟あるラグジュアリーコテージ（定員4人）。2階のテラスではハンギングチェアでくつろげる
2 コテージのテラスに設置されたバーベキューグリルで調理。料理写真は一例（2人前）

\ オプションでサウナも /

CAMP SAUNA

薪式のサウナヒーターを使用したフィンランドスタイル。サウナストーンにお湯をかけることでロウリュも体験できる。

¥1組5000円（1組は6人まで、サウナ同時利用は〜4人）⏰7時30分〜、9時〜、15時〜、17時〜、19時〜 ※利用日に要予約

❀Note
● お役立ちアイテムのレンタル付き
● スイーツやドリンクなどの振る舞いあり
● 24時間対応の
　インルームダイニングあり

※愛犬ルームあり

ほしのやふじ
星のや富士

ラグジュアリー空間で
ワクワクするアウトドア体験を

日本初のグランピングリゾート。グランピングマスターが提案するアウトドア体験メニューが豊富。各キャビンには河口湖を望むテラスリビングがしつらえられている。

☎050-3134-8091（星のや総合予約）🏠山梨県富士河口湖町大石1408 💴1泊1室10万1000円〜（食事別、定員2人）🕐IN15時／OUT12時 休メンテナンス日 🚌富士急行河口湖駅から河口湖周遊バスで27分、河口湖自然生活館下車、徒歩5分 🅿40台 🛏40室 **MAP**折込表F1

1 モダンなキャビンは全室レイクビュー 2 キャビンのテラスで湖を見ながら朝食も味わえる 3 クラウドテラスには椅子やハンモックを用意

りとりーと きゃんぷ まほろば
Retreat Camp
まほろば

好みに合わせて選べる
個性豊かな宿泊施設

テントサイトのほか、トレーラーハウスやパオなどの宿泊施設を用意。富士山と河口湖を望む常設テントデッキやテントサウナなど充実の設備が揃う。

☎090-4128-6066 🏠山梨県富士河口湖町河口山宮2553 💴1泊2食付1人3万800円〜 🕐IN15時／OUT11時 休無休 🚌富士急行河口湖駅から富士急バス甲府駅行きで7分、河口局前下車、徒歩15分 🅿22台 🛏13室 **MAP**折込裏C2

1 遊牧民の移動式住居をイメージしたパオ 2 テントサウナとジャクジー付きの水風呂

❀Note
● 10タイプの宿泊施設
　（オートサイト4タイプテントサイト2タイプ）
● まほろばエリアの利用客は、
　シャワーは24時間利用可能

❀Note
● バーベキュースペースあり
● ドームテント泊はたき火レンタル可能
● ドームテント泊は、
　貸切露天風呂が利用可能（要予約）

しゃくしやまぷーとうえいきゃんぷ
杓子山ゲートウェイキャンプ

自然との一体感を感じる
眺望抜群のグランピング

すべてのテントから富士山を望めるグランピング施設。ドームテントやデラックスキャンプテントを備える。夕食は甲州富士桜ポークなどのバーベキューを楽しめる。

☎070-4333-9740 🏠山梨県富士吉田市大明見古屋敷4101 💴1泊2万8600円〜（2名利用時、定員2人）🕐IN15時／OUT10時 休無休 🚌富士急行富士山駅から車で20分 🅿14台 🛏14棟 **MAP**折込裏D2

1 富士山を望む天然鉱泉の貸切露天風呂。夕刻には幻想的な景色が広がる 2 甲州富士桜ポークのBBQや季節限定のBBQ、冬は体の芯から温まるアウトドア鍋など 3 断熱・保温性に優れたドームテント内は、アイボリーに統一されている

📖 体験メニュー、レンタル品、宿泊プランは施設によってさまざまなので、自分に合った宿泊スタイルを探してみましょう。

宿泊にもこだわりたい
河口湖・富士吉田の絶景宿

せっかく河口湖を旅するなら、滞在する宿でも富士山や河口湖を眺めていたいもの。
間近に迫る雄姿を、露天風呂や客室からゆっくりと満喫できる極上宿をご紹介。

絶景ポイント
最上階のグランドスパにある展望大浴場。目の前に広がる河口湖とつながっているよう

CHECK
✛1泊2食付料金
平日2万5000円〜
休前日3万円〜
✛時間
🕐IN15時、OUT11時

河口湖東岸

ざくくな
THE KUKUNA

開放感に満ちた湖畔リゾート

KUKUNAはハワイ語で「陽の光」を意味し、絶景と癒やしのホスピタリティが自慢の宿だ。南国リゾートを思わせる客室はテラス付き。最上階にある露天風呂と内湯、レストランMOONBOWやGEKKOからは迫力満点の富士山を望める。

☎0555-83-3333 🏠山梨県富士河口湖町浅川70 🚌富士急行河口湖駅から河口湖周遊バスで15分、風のテラスKUKUNA前下車すぐ 🅿50台 MAP 折込表H2 🛏65室 ●昭和28年(1953)開業 ●風呂:内湯1、露天1、貸切1 ●立ち寄り湯:なし

❶中央館座洋室 ❷夕食はビュッフェスタイルやコースで ❸眺望抜群の特別室。40㎡の洋室に、開放的なウォーターテラス(露天風呂)と、シャワーブースが付いている

河口湖北岸

らびすたふじかわぐちこ (きょうりつりぞーと)
ラビスタ富士河口湖
(共立リゾート)

南仏プロヴァンスの雰囲気が漂う

眺望を意味する「ラビスタ」の名のとおり、高台にある敷地からは富士山に抱かれた河口湖の雄大な景観を一望できる。随所に南仏風の意匠を凝らした建物は、リゾート感満載。4つの貸切風呂と岩盤浴は無料で利用できる。

☎0555-76-5220 🏠山梨県富士河口湖町河口2395 🚌富士急行河口湖駅から無料送迎バスで11分(要予約) 🅿75台 MAP 折込表G1 🛏83室 ●平成27年(2015)開業 ●風呂:内湯2、露天2、貸切4 ●立ち寄り湯:なし

CHECK
✛1泊2食付料金✛
平日2万2000円〜
休前日2万7500円〜
✛時間✛
🕐IN15時、OUT11時

絶景ポイント
客室の窓際やテラスに配された風呂から、河口湖越しに富士山を堪能できるのが自慢

❶南仏プロヴァンス調のインテリアが配された客室で、バカンス気分を満喫しよう ❷エステ「BARAKA」では、ヨルダンの死海水と死海泥を使った施術を行う

🛁源泉かけ流し 🛎ルームサービス 💆エステあり 🚭禁煙ルームあり ♨大浴場あり 👤ひとり宿泊OK

全棟富士山ビューの一棟貸し宿

「Rakuten STAY 富士 河口湖駅」は、全棟から富士山の景色を楽しめる一棟貸しの宿。バーベキューができるテラスやジャクジー付きのお風呂も設置。無人施設のため、各種サイトから予約してタブレットでチェックインします。2棟限定でペット専用設備も用意。
☎なし　MAP折込表H3

富士吉田

ほてるかねやまえん
ホテル鐘山苑

3段構造の露天風呂から絶景

富士山を見ながら入浴できるように工夫された露天風呂「富士山」（男女入替制）が人気。客室は露天風呂付きや富士山ビュー、ベッドのある部屋など多彩に揃う。癒やしスポットの庭園足湯（10～18時、冬期休業）もおすすめ。

☎0555-22-3168　山梨県富士吉田市上吉田東9-1-18　富士急行富士山駅から送迎バスで10分（要問合せ）　P300台　MAP折込裏H1　122室　●昭和46年(1971)開業　●風呂：内湯1、露天1、貸切なし　●立ち寄り湯：なし

絶景ポイント
露天風呂「富士山」は富士山を眺めやすい、段差のある構造。水深90cmの深湯もある

CHECK
＋1泊2食付料金＋
平日3万3150円～
休前日3万8650円～
＋時間＋
IN15時、OUT10時

❶約2万坪の庭園には足湯や茶室がある ❷人気の高い露天風呂付き客室「ゆらく山彦亭」は全16室 ❸「四季彩ダイニング美厨（みくり）」の料理（イメージ）。オープンキッチンダイニングで調理されたできたてが味わえる

CHECK
＋1泊2食付料金＋
平日2万2150円～
休前日2万6550円～
＋時間＋
IN15時、OUT10時

絶景ポイント
露天風呂では月明かりに浮かぶ、幻想的な富士山景色を楽しみつつ温泉を堪能できる

河口湖北岸

しゅうほうかく こげつ
秀峰閣 湖月

全館から富士山と湖を望む

富士山の景色に定評がある河口湖の北岸に立つ和風の温泉宿。すべての客室と露天風呂、庭園から河口湖と富士山を見渡せる。客室は標準タイプの和室のほか和洋室、露天風呂や足湯付きなど7種のタイプから選べる。宿泊プランも多彩。

☎0555-76-8888　山梨県富士河口湖町河口2312　富士急行河口湖駅から河口湖周遊バス河口湖自然生活館行きで26分、久保田一竹美術館下車すぐ　P60台　MAP折込表G1　45室　●風呂：内湯1、露天1　●立ち寄り湯：なし

❶2023年4月にリニューアルした富士山眺望足湯テラス ❷12.5畳の標準的な和室

ココにも行きたい

河口湖・富士吉田のおすすめスポット

河口湖南岸
三七の広場
みなのひろば

日本各地のワインが揃う複合観光施設

地元産ワインはもちろん、北海道から沖縄まで全国150社のワインを揃えた観光施設。カフェスペースでは、体にやさしいワインパミスを使用した飲茶が味わえる。DATA ☎0555-28-5337 山梨県富士河口湖町小立1107-1 10〜20時(1〜2月9〜17時) 無休 富士急行河口湖駅から河口湖周遊バスで7分、河口湖ハーブ館下車、徒歩10分 37台 MAP 折込表G2

河口湖北岸
河口湖木ノ花美術館
かわぐちここのはなびじゅつかん

絵本の世界に迷い込んだよう

絵本『わちふぃーるど』の世界観を楽しめる美術館。原作者の池田あきこ氏の原画などを展示。DATA ☎0555-76-6789 山梨県富士河口湖町河口3026-1 入館500円 9時〜16時30分最終入館(12〜2月10時〜15時30分最終入館) 不定休 富士急行河口湖駅から河口湖周遊バスで20分、河口湖猿まわし劇場/木の花美術館下車すぐ 40台 MAP 折込表G1

河口湖東岸
河口湖遊覧船「天晴」
かわぐちこゆうらんせん「あっぱれ」

戦国武将の気分で航行

甲斐武田水軍の安宅船を模した遊覧船。一周約20分で湖上を遊覧し、天気のよい日は展望デッキから富士山の絶景を堪能できる。DATA ☎0555-72-0029 山梨県富士河口湖町船津4034 乗船1000円 9時〜16時30分(変動あり) 点検日 富士急行河口湖駅から河口湖周遊バスで11分、遊覧船・ロープウェイ入口下車、徒歩3分 なし MAP 折込表G1〜H2

富士河口湖町役場周辺
ハーブ庭園旅日記
はーぶていえんたびにっき

富士山を望む万坪の大庭園

五感で楽しめる体験型の庭園。開放感抜群の園内は、約200種のハーブや季節の花が咲き誇る。眺望抜群のふじさんデッキから富士山の絶景を眺めたい。DATA ☎0555-83-3715 山梨県富士河口湖町船津1996 入園無料(展望台有料) 9〜18時 無休 富士急行河口湖駅から河口湖周遊バスで3分、役場入口下車、徒歩10分 100台 MAP 折込表G3

河口湖西岸
長濱旅館 Cafe&Diningさくら
ながはまりょかん かふぇあんどだいにんぐ さくら

ヒメマスのうま味が広がる土鍋ご飯

河口湖が目の前に広がる老舗旅館のダイニング。ご当地グルメ「富士まぶし(要予約)」を提供。DATA ☎0555-82-2128 山梨県富士河口湖町長浜795-1 11〜16時、18〜22時 不定休 富士急行河口湖駅から西湖周遊バスで22分、長浜下車すぐ 20台 MAP 折込表E2

富士姫まぶし御膳2000円。ヒメマス(ニジマスの場合は1500円)を炊き込んだご飯を最初はそのまま、次は薬味をのせて、最後は茶漬けで味わう(当日2時間前までに要予約)

河口湖東岸
味処 まんぷく
あじどころ まんぷく

山梨県産ポークと山芋を使った定食

キュウリの浅漬けと山芋のとろろなどがのる丼・かっぱめし1650円が味わえる。とろろとご飯の上に山梨県産ポークのソテーが入る。DATA ☎0555-76-7424 山梨県富士河口湖町河口517-4 11時30分〜14時LO、18〜20時LO(月〜金曜の夜は要予約) 火曜(祝日の場合は翌日) 富士急行河口湖駅から河口湖周遊バスで18分、河口湖美術館下車、徒歩15分 20台 MAP 折込表H1

河口湖南岸
ロマラン
ろまらん

野菜が自慢の料理と山梨ワインに舌鼓

有名ホテルで腕を磨いたシェフが作るフレンチが評判。100種類以上の野菜を無農薬で栽培する自家菜園もある。DATA ☎0555-73-3717 山梨県富士河口湖町船津6713-73 11時30分〜14時30分(13時30分LO)、18時30分〜21時(夜は要予約) 水曜(祝日の場合は営業) バス停河口湖ハーブ館から徒歩2分 3台 MAP 折込表G2

ランチコース1650円〜の一例。自家菜園でとれた野菜やフルーツをはじめ、地元の豚や鶏を使ったコース料理を食べられる

温かみのある落ち着いた雰囲気の店内

河口湖駅周辺
とよしま
TOYOSHIMA

富士山麓のジビエを上品なフレンチで

狩猟免許をもつオーナーシェフが、ジビエが苦手な人でも食べやすいよう多彩に調理するフランス料理店。コース料理（ディナー1万円または1万5000円、税別）のみで、完全予約制。**DATA**☎0555-75-0850 〒山梨県富士河口湖町船津3681-2 ⏰18〜20時LO（要予約）休日・月曜（1〜3月は不定休）交富士急行河口湖駅から徒歩3分 🅿10台 MAP 折込表H3

山梨県立富士山世界遺産センター周辺
きんだるま ほんてん
金多゛留満 本店

老舗が作る和の銘菓たち

明治44年（1911）創業の和菓子店。色や素材で四季を表現したようかん、富士の錦1本2800円が人気。**DATA**☎0555-72-2567 〒山梨県富士河口湖町船津7407 ⏰9時〜18時30分（10〜3月は〜17時30分）休無休 交富士急行河口湖駅から鳴沢・精進湖・本栖湖周遊バスで11分、河口湖ショッピングセンターBELL下車、徒歩10分 🅿5台 MAP 折込表G3

河口湖東岸
かわぐちこちーずけーきがーでん
河口湖チーズケーキガーデン

チーズケーキで有名な洋菓子店

朝霧高原のミルクを使ったチーズケーキをはじめ、約15種類のチーズスイーツを販売している。一番人気は河口湖完熟チーズケーキ1ホール2700円。**DATA**☎0555-72-3654 〒山梨県富士河口湖町浅川1173-1 ⏰9〜17時（季節により変動あり）休無休 交バス停遊覧船・ロープウェイ入口から徒歩2分 🅿5台 MAP 折込表H2

河口湖北岸
まうんとふじぐらんぴんぐてらす みねのはな
Mt.Fujiグランピングテラス 嶺乃華（ミネノハナ）

木の香漂うサウナと富士の絶景を堪能

高台に位置し、全ドームテントから富士山を望む。客室はモダン、ジャポン、アジアンの3タイプ用意。**DATA**☎070-3322-9408 〒山梨県富士河口湖町河口2044 ¥スカイビュースイートアジアン1泊2食付2万8000円〜 ⏰IN15時／OUT10時 休無休 交富士急行河口湖駅から無料送迎車で10分（要予約）🅿6台（第二駐車場あり）●6室 MAP 折込裏C2

河口湖南岸
わかくさのやど まるえい
若草の宿 丸栄

旬の味覚と富士山ビューの露天風呂

旬の幸を生かした和会席料理や、富士山を望む見はらし露天風呂などで富士の恵みを満喫できる。露天風呂付きなど客室も多彩だ。**DATA**☎0555-72-1371 〒山梨県富士河口湖町小立498 ¥1泊2食付2万4350円〜 ⏰IN14時／OUT11時 休無休 交富士急行河口湖駅から送迎車で8分（14〜19時、駅到着後要連絡）🅿100台 ●50室 MAP 折込表G2

富士スバルライン周辺
ふぉれすとあどべんちゃー・ふじ
フォレストアドベンチャー・フジ

2023年4月に移転リニューアルオープン

フランス発祥の「自然共生型アウトドアパーク」の日本第一号施設。時間別にプランが用意され、木の上にある全11のサイトをハーネスを装着して楽しむ（予約推奨）。**DATA**☎090-3345-0970 〒山梨県富士河口湖町船津6662-1 ¥60分1人3000円〜 ⏰9〜17時（季節により変動あり）休11月末〜3月中旬 交富士急行河口湖駅から車で15分 🅿50台 MAP 折込裏C3

富士吉田
あすか

飛鳥

現代に蘇った御師料理を味わおう

かつて御師住宅（☞P39）で提供されていた食事を現代風にアレンジした、創作御師料理4000円が味わえる。山菜やキノコなど富士山麓の味覚をふんだんに使用。**DATA**☎0555-23-5494 〒山梨県富士吉田市竜ケ丘3-5-36 ⏰11時30分〜14時（要予約）、17〜22時 休火曜 交富士急行富士急ハイランド駅から徒歩10分 🅿10台 MAP 折込表G1

富士吉田
ふじやまびーる「かふぇれすとらん はーべすてらす」
ふじやまビール「カフェレストラン ハーベステラス」

富士山の名水を使ったビールを堪能

ピルス、ヴァイツェン、デュンケルの3種のビールは各300㎖500円。富士ヶ嶺ポーク使用のソーセージとビールは相性抜群。**DATA**☎0555-24-4800 〒山梨県富士吉田市新屋3-7-1道の駅 富士吉田内 ⏰11〜19時（季節により変動あり）休不定休（1月〜3月中旬は水曜）交富士急行富士山駅からバス「ふじっ湖号」で16分、富士山レーダードーム前下車すぐ 🅿269台 MAP 折込裏G3

富士吉田
らいふ すたいる しょっぷ おると すたいる
life style shop ALT STYLE

マイ御朱印帳を作ってみよう

居心地のよい空間づくりを提案するセレクトショップで、雑貨や日用品を扱う。富士吉田で織られた金襴緞子を使って、御朱印帳作りを体験できる（有料、要予約）。生地は数十種類以上から選べる。**DATA**☎0555-28-5445 〒山梨県富士吉田市中曽根2-13-14 ⏰10時30分〜19時30分 休水曜 交富士急行富士山駅から徒歩10分 🅿15台 MAP 折込裏G2

富士本栖湖リゾートで花絶景とイングリッシュガーデンを満喫

富士山をバックに春から初秋にかけ季節の花々が咲き競う場所。
1万5000㎡ほどの広大な花の庭園で、絶景と物語の世界観に浸りましょう。

ふじもとすこりぞーと
富士本栖湖リゾート
四季折々の花畑と庭園が広がる

春の芝桜をはじめ、色彩豊かな草花と富士山が織りなす風景で人気を集める。2022年にオープンしたピーターラビット™イングリッシュガーデンも話題に。
☎0555-89-3031 🏠山梨県富士河口湖町本栖212 🚋富士急行河口湖駅から富士急バス新富士駅行きで40分、富士本栖湖リゾート下車すぐ、または富士急行河口湖駅から車で30分 🅿1500台(1日500円) MAP 折込表F6

▲手前の竜神池と芝桜の花畑の後方から富士山を捉えるのが、写真撮影のベストポジション

[本栖湖周辺]
にじのはなまつり
虹の花まつり
9月上旬〜10月中旬
夏には虹色のじゅうたんが広がる

秋シーズンにはジニアやルドベキアなど15品種ほどのカラフルな花々が織りなす虹色じゅうたんが園内を彩る。ユニークな撮影スポットも利用したい。
💰2023年5月現在未定 🕐9月上旬〜10月中旬8〜16時(開花状況により変動あり) 休期間中無休

▲9月上旬から10月上旬まで、夏らしい鮮やかな色の花のじゅうたんが入れ替わり咲き誇り楽しませてくれる
※写真はイメージ

[本栖湖周辺]
ふじしばざくらまつり
富士芝桜まつり
4月中旬〜5月下旬
富士山麓を彩る春の風物詩

毎年4月中旬から5月下旬に園内を約50万株の芝桜が彩る春の祭典。ピンクや白、薄紫と種類の異なる芝桜のグラデーションが見事。園内では地元素材を使ったメニューも楽しめる。
💰入場1000円〜 🕐4月中旬〜5月下旬8〜16時(開花状況により変動あり) 休期間中無休

▲幸せの黄色い扉(上)や、芝桜に浮かぶ小舟(下)など撮影スポットも人気

テイクアウトフードも要チェック

園内に登場した軽食スタンドKoppe Stand。山梨ならではのパン、から揚げ、スイーツが味わえる。

溶岩から揚げ
500円
竹炭を混ぜた衣で黒い溶岩そっくりに仕上げたから揚げ。真っ赤なマグマも

こっぺぱん
500円
桃バターやシャインマスカットジャム、から揚げなど具材を選んでサンド

桔梗信玄餅ソフト
600円
濃厚なミルクソフトに山梨銘菓の桔梗信玄餅と特製黒蜜きなこがたっぷり

4月中旬〜
11月下旬

ピーターラビット™
イングリッシュガーデン

富士山麓に
かわいい絵本の世界

富士本栖湖リゾート内の英国式ガーデン。雄大な富士山の景色と、約300種類の草木や花々が楽しめる。絵本のシーンが見られる花畑や、絵本仕立ての部屋がある施設などで、『ピーターラビットのおはなし』の世界が満喫できる。

¥入園1000〜1200円(時期により変動あり)
🕐4月中旬〜11月下旬8〜16時(時期により変動あり) 休期間中無休(11月下旬〜4月中旬は冬期休業)

▲ イギリス人ガーデンデザイナー、マーク・チャップマン氏監修による本格的な英国式庭園

▲ 絵本に描かれた場面を再現したピーターのオブジェ(左)。ピーターとお母さんのほのぼのとした場面も再現(中)。絵本の中の農園を思わせる花々が庭園を彩る(右)

▲ 園内にはピーターと一緒に撮影できるフォトスポットも点在している

河口湖からひと足延ばして ● 富士本栖湖リゾート

園内の施設も要チェック

▲ 2人以上で頼めるアフタヌーンティーセット1人4000円

ざ かふぇ
The Cafe

花と野菜の彩り豊かなメニュー

絵本に登場する「ブルームパイ」のほか、「マグレガーおじさんのとれたて野菜のブーケサラダ」など、カラフルな野菜と花のメニューを味わえる。

☎0555-89-3035 🕐HPで要確認
休期間中無休

ざ たわー
The Tower

美しい庭園と富士山を一望できる

約8mの高さから富士山や庭園全体を見晴らせる展望塔。上り階段の壁面には、さまざまなキャラクターフレームが飾られている。

☎0555-89-3031(富士本栖湖リゾート)🕐見学自由 🕐HPで要確認 休期間中無休

▲ キャラクターフレームのデザインにも注目したい

ざ しょっぷ あんど ぎゃらりー
The Shop & Gallery

個性的なオリジナルグッズが見つかる

世界にここでしか購入できないオリジナルグッズを選べるだけでなく、絵本の世界に入り込んだような体験ができるギャラリーコーナーも人気。

☎0555-89-3031(富士本栖湖リゾート)¥入館自由 🕐HPで要確認 休無休

▲お菓子やぬいぐるみなどのグッズが置かれている店内(左)。本のストーリーが壁一面に描かれている(上)

日本の原風景が広がる
西湖いやしの里根場をおさんぽ

美しい富士山を正面に茅葺きの日本家屋が立ち並ぶ農村風景。
工芸体験や特産品の展示・販売が行われる建物を巡って散策を楽しみましょう。

かぶと造りの家々と富士山麓に広がる
四季折々の自然が見事に調和する

西湖周辺
さいこいやしのさとねんば
西湖いやしの里根場

茅葺き民家の懐かしい風景

武田氏の時代から存在し、昭和41年（1966）の台風被害で多くの家屋が失われた伝統集落を、平成18年（2006）に再生復活。かぶと造とよばれる20棟の茅葺き民家を中心に集落が再現され、それぞれの建物で体験や食事が楽しめる。

☎0555-20-4677 個山梨県富士河口湖町西湖根場2710 ¥入場500円 ◉9〜17時（12〜2月9時30分〜16時30分）休無料 交富士急行河口湖駅から西湖周遊バスで40分、西湖いやしの里根場下車すぐ ₽120台 MAP折込表G4

▲茅葺き民家と四季が織りなす風景も見事

🔖 **まずはココから見学**

集落に残る貴重な建物や資料の見学もできる施設をチェックしましょう！

▲集落の人々が力を合わせて平和で豊かな暮らしを営んできた名残にふれることができる

きゅうわたなべじゅうたく
旧渡辺住宅

かつての養蚕農家の暮らしを再現

養蚕が盛んだった時代の民家には、昭和時代の豊かな暮らしを物語る真空管式カラーテレビやガス炊飯器などが並ぶ。
☎0555-20-4677（総合案内）¥見学無料

せせらぎや
せせらぎ屋

農家の暮らしと絵手紙が見られる

館内の随所に季節ごとに使われる昔の農機具が並べられているほか、絵手紙作家の作品展示と、制作実演も行っている。
☎0555-20-4677（総合案内）¥見学無料

▶縁側には折り紙製の兜で作られた葛飾北斎の『凱風快晴（がいふうかいせい）』が掛かる

ひのみや
火の見屋

鎧姿になって戦国武将気分を体験

館内では着物や鎧など100種類以上の衣装を貸し出し、鎧姿や忍者装束をまとって記念撮影できる着付け体験が人気。
☎0555-20-4677（総合案内）¥着付けは2000円（要予約）

▶2階には武田信玄直筆の書や合戦絵図など、貴重な資料を展示

◀来訪者を迎える水車小屋は、のどかないやしの里のシンボル

まずは総合案内所でさんぽのプランを考えましょう

入口右側にあり施設の案内と、実物の体験見本を見て工芸体験が予約できます。パンフレットや割引券の配布、車いすの貸し出しも行っています。

手作り体験にトライ

伝統の針仕事や陶芸、万華鏡などの工芸にもチャレンジして自分だけの作品を！

▲フクロウのマスコットや匂い袋作りにも気軽にチャレンジできる

ちりめんざいく・つるしかざり
ちりめん細工・つるしかざり
古来の伝統文化を伝える雛飾り

江戸時代から伝わるつるし雛を展示。小さなモチーフに子どもの成長を願ったつるし雛が館内を埋め尽くす様子は圧巻。
☎090-6141-5859 ¥600円〜

▲古布を使ったティッシュケースやストラップはおみやげにおすすめ

つちあそびふじろまんがま
土あそび富士炉漫窯
陶芸体験で旅の記念づくりを

気軽に陶芸体験を楽しめる工房。粘土から手びねりで作ったフクロウや湯呑みなどを、焼成して1カ月後に届けてくれる。
☎080-5024-5735 ¥色付け体験600円〜、手ごね体験2500円〜

▶個性的な万華鏡やレリーフを作ろう

がらすときんこう つばいこうぼう
硝子と金工 ツパイ工房
万華鏡作りやヘラ彫金を体験

薄い銅板に凹凸をつけ、レリーフ模様をデザインするヘラ彫金や、小さな子どもも楽しめる万華鏡を作り体験ができる。
☎050-5374-9756
¥600円〜

(絵付け体験の具は乾けばその日に持ち帰り可／絵付け体験はその日絵)

食事や休憩はコチラで

ほうとうや石臼挽きそばなど、郷土の味覚もたっぷり。窓越しの景色と一緒に楽しんで。

▲人気の白くまかき氷700円

ちゃどころ せいりゅうてい
茶処 青龍亭
かわいい甘味が大人気

軽食やお茶が楽しめる甘味処。畳の座敷席に上がり、のどかな里の風景を眺めながら味わうお団子や、かき氷が人気。
☎0555-20-4677

▲5種類のお団子が楽しめる彩り団子＆抹茶1000円

てうちそば みずも
手打ちそば みずも
石臼挽きの本格手打ちそば

石臼で丁寧に挽いて作る香り豊かなそばが味わえる。富士山を眺められる席も用意。手作り団子やぜんざいも好評だ。
☎090-1216-3349

▲厚めの衣が懐かしい味で人気の天ぷらせいろ1900円

しょくじどころ さとやま
食事処 里山
山梨のソウルフードを堪能

厚みのある自家製ほうとうや、地元の田舎料理が味わえる。春の山菜や冬のワカサギなど季節の天ぷらも人気メニュー。
☎090-1216-3349

▲旬の野菜やきのこがたっぷりのみそ風味のほうとう煮990円

おみやげも忘れずに

オリジナル商品や県内の特産品が大集合したおみやげ店もご紹介！

▲店内には、国産シルクのふんわりとした手ざわりで、色鮮やかな製品がずらりと並ぶ

ふじさんしるく
富士山しるく
国産シルクの販売や体験も

富士吉田で江戸時代から続く織物業者が運営。スカーフやネクタイなどおみやげにもぴったり。オリジナルの巾着作りも体験できる。
☎090-5538-9036 ¥体験600円〜

おもいでや
おもいで屋
名物お菓子や特産品が揃う

県内の工芸品や、名物お菓子を販売。富士山パッケージのお菓子、ほうとうのほか、富士山柄のタオルなど雑貨も並ぶ。
☎0555-20-4677(総合案内)

▶県内の特産品や山梨限定商品がずらりと並んで楽しい店内

📖 春のひな祭り、夏の七夕など季節をテーマにしたイベントのほか、各施設で随時開催される作品展覧会も楽しめます。

西湖周辺で富士山噴火が生み出した圧倒的な景観にふれる

富士山の北西部に広がる樹海には、湖や洞窟が点在しています。
神秘的な森や、地中奥深くまで続く冷たい洞窟を、探検気分で歩きましょう。

`樹海`

西湖周辺
あおきがはらじゅかい
青木ヶ原樹海

気分は冒険家!?
独特な自然のなかを歩く

3000万㎡の広さを誇る原生林。1200年ほど前の噴火で形成されたなだらかな土地に、高さ20mほどの木々が連なる。樹海の木はほとんどが常緑樹で、上から見ると緑の海に見えることから「樹海」とよばれるようになった。

MAP 折込表F5〜G5

◀紅葉台からは眼下に樹海の森を見渡すことができる

`ガイドツアーで散策に出発`

あおきがはらじゅかいねいちゃーがいどつあー
青木ヶ原樹海
ネイチャーガイドツアー

定期的に催される予約不要の定期ガイドツアー（所要1時間）と、希望に応じたガイドコースを計画してくれる予約ガイドツアー（所要1〜4時間、2日前までに要予約）がある。問合せは西湖ネイチャーセンターへ。

☎0555-82-3111（西湖ネイチャーセンター）住山梨県富士河口湖町西湖2068 🅥ツアーにより異なる 🕙10〜15時（季節・曜日により変動、西湖ネイチャーセンター前から出発）休無休（12〜3月は水曜）🚌富士急行河口湖駅から西湖周遊バスで34分、西湖コウモリ穴下車すぐ 🅟西湖コウモリ穴駐車場利用66台 **MAP** 折込表H5

◆**定期ガイドツアー**
西湖コウモリ穴周辺の樹海をネイチャーガイドとともに散策する（西湖コウモリ穴への入洞はなし。コースは季節により異なる）。予約不要、所要時間1時間。

料金 1名500円（出発の5分前までに2名以上で申込み）

◆**予約ガイドツアー**
行き先や時間をネイチャーガイドと相談できる。希望日の2日前までに、希望日時と参加人数を伝えて予約する。

料金 5名以下は1グループ1時間あたり3000円、6名以上は1名1時間あたり500円（西湖コウモリ穴に行く場合は別途入洞料300円が必要）

---

❶ 受付をして出発！
西湖ネイチャーセンター（西湖コウモリ穴、クニマス展示館）窓口で受付を済ませたら、樹海へ出発。

❷ 自然のなかをゆっくり散策
ゆっくりと樹海の中を散策。歩くのは樹海の端のほんのわずかな範囲。遊歩道が整備されていて歩きやすい。

▼▶溶岩の上に樹海があるので、土がほとんどなく、木々は昔から水分をとっている

▲西湖ネイチャーセンター前から出発する

❸ 樹海についてお勉強
ネイチャーガイドが、樹海の成り立ちや特徴について、わかりやすく説明してくれる。

▲樹海の名所や動植物について、幅広い解説を聞くことができる

▶樹海で方位磁石がどうなるか見てみよう

「西湖コウモリ穴」は、富士山麓では最長の総延長385mの溶岩洞窟で、2層構造になっているのが特徴。洞内は広い場所が多く、分かれ道もあります。ヘルメットの着用必須。
☎0555-82-3111（西湖ネイチャーセンター）MAP 折込表H5

洞窟

西湖周辺
なるさわひょうけつ
鳴沢氷穴

氷の壁が迎える地中の縦穴型洞窟

深さ21m、総延長153mの規模で広がる縦穴洞窟。火山から噴出した溶岩が冷え固まってできた洞窟で、内部の気温が低く、氷の貯蔵にも利用されていた。ぐるりとまわって見学でき、洞窟のさまざまな表情を楽しめる。

☎0555-85-2301 住山梨県鳴沢村8533 ¥入洞350円 ●9〜17時（季節により変動あり）休無休（12月に臨時休業あり、時期により休業あり）交富士急行河口湖駅から精進湖・本栖湖周遊バスで28分、鳴沢氷穴下車、徒歩5分 P120台 MAP 折込表G5

氷はライトアップされ、神秘的な雰囲気が漂う

❸氷柱
天井から染み出した水滴が凍ってできる氷柱は、毎年冬からでき始める。4〜7月に最大になり、初秋ごろまで見られる。

氷柱を目指して散策開始

❶階段
出入口の階段を下りると、急激に気温が下がるのがわかる。滑らないよう注意。

▶長い階段を下りて、冷気の流れ出す洞窟へ

▶穴は江ノ島まで続いているという伝説もある

❷地獄穴
氷穴最下部の穴。調査が行われていないため、どこまで続いているのかは不明。

洞窟

西湖周辺
ふがくふうけつ
富岳風穴

静寂に包まれた溶岩トンネル

溶岩の流れによって誕生した総延長201mの横穴型洞窟。平坦な構造なので歩きやすい。かつては種子や繭の貯蔵庫として利用されていた。

☎0555-85-3089 住山梨県富士河口湖町西湖青木ヶ原2068-1 ¥入洞350円 ●9〜17時（季節により変動あり）休無休（12月に臨時休業あり、時期により休業あり）交富士急行河口湖駅から鳴沢・精進湖・本栖湖周遊バスで29分、富岳風穴下車、徒歩2分 P180台 MAP 折込表G5

▲洞窟内の平均気温は3℃と低く、氷柱が見られる

青木ヶ原樹海
出入口　※|||は階段
階段
種子貯蔵庫跡
地下21m
91cm
氷の壁
❷
❸氷柱　地獄穴

売店をCHECK

なるさわひょうけつばいてん
鳴沢氷穴売店

富士山グッズや地元のみやげが揃う。鳴沢氷穴の入場券はここで販売。
☎0555-85-2301（鳴沢氷穴）●休鳴沢氷穴に準ずる MAP 折込表G5

▲桔梗信玄パフェ600円。売店オリジナルのひんやりメニュー

▲フレームマグネット330円。"鳴沢氷穴"の文字が入ったオリジナル商品

鳴沢氷穴、富岳風穴の洞窟内は0〜3℃ほど。上着や手袋を用意して訪れましょう。

ココにも行きたい

西湖・精進湖・本栖湖のおすすめスポット

西湖周辺
さいこやちょうのもりこうえん
西湖野鳥の森公園
気軽に野鳥観察ができる

秋から早春を中心に約60種類以上の野鳥の観察ができる。園内を巡る散策路は一周約15分。鳥用のエサ台も配置している。**DATA** ☎0555-82-2160 🏠山梨県富士河口湖町西湖2068 ¥散策自由（樹海ギャラリーは入館無料）⏰9～17時 🈺木曜 🚌富士急行河口湖駅から西湖周遊バスで43分、西湖野鳥の森公園下車すぐ 🅿60台 **MAP** 折込表G4

西湖周辺
さん・れいく
サン・レイク
西湖の名産を味わおう

ログハウス風のレストランで、西湖名産のワカサギやヒメマス、甲州富士桜ポークを使ったメニューを用意。地元の食材を使ったワカサギフライ定食は1680円。**DATA** ☎0555-82-2933 🏠山梨県富士河口湖町西湖2204 ⏰9時～日没（土・日曜は～19時）🈺不定休 🚌富士急行河口湖駅から西湖周遊バスで29分、駒形下車すぐ 🅿40台 **MAP** 折込表H4

西湖周辺
ま・めぞんさいこ
マ・メゾン西湖
隠れ家的なオーベルジュで贅沢なランチ

西湖のほとりにあるオーベルジュ。甲州ワインビーフや甲州富士桜ポークをはじめ、旬の素材を使った料理を用意。ランチ2000円～、ディナー6000円～。**DATA** ☎0555-82-2034 🏠山梨県富士河口湖町西湖2330 ⏰11時30分～14時LO、17～21時LO 🈺不定休（要問合せ）🚌富士急行河口湖駅から西湖周遊バスで27分、西湖津原浜下車、徒歩1分 🅿25台 **MAP** 折込表H4

鳴沢村
こうようだい
紅葉台
燃えるような紅葉と富士山は必見

標高1165mにある紅葉台レストハウスの展望台。眼前に富士山を仰ぎ、青木ヶ原樹海、西湖などの豊かな自然を360度見渡せる。ベストシーズンは11月上旬。**DATA** ☎0555-85-2252 🏠山梨県鳴沢村 ¥300円 ⏰8時30分～17時 🈺見学自由（展望台は冬期休業あり）🚌富士急行河口湖駅から西湖周遊バスで27分、紅葉台入口下車、徒歩30分 🅿90台 **MAP** 折込表H5

鳴沢村
みちのえき なるさわ
道の駅 なるさわ
ビュースポットも兼ねた道の駅

富士山を正面に望める道の駅。周辺の観光情報を提供するほか、軽食堂やみやげ物が揃う物産館などの施設も。**DATA** ☎0555-85-3366 🏠山梨県鳴沢村8532-63 ⏰物産館9～18時（12～3月は～17時）、軽食堂9時30分～17時30分（12～3月は～16時30分）、季節により変動あり 🈺無休 🚌富士急行河口湖駅から鳴沢・精進湖・本栖湖周遊バスで24分、道の駅なるさわ下車すぐ 🅿311台 **MAP** 折込表H5

鳴沢菜ご飯セット700円。鳴沢菜のまぜご飯と伝統食・せんとそばが付く

鳴沢村特産のブルーベリーの加工品や、新鮮な地元の高原野菜などが並ぶ物産館

精進湖周辺
いろいろりょうりことぶき
いろいろ料理ことぶき
健康に配慮したほうとうで人気

地元の有機野菜を使った和洋多彩なメニューが揃う精進湖畔の食事処。名物の薬膳ほうとう1680円には、朝鮮人参やクコの実など、7つの漢方食材を使う。**DATA** ☎0555-87-2303 🏠山梨県富士河口湖町精進1049 ⏰10～18時 🈺火曜不定休 🚌富士急行河口湖駅から鳴沢・精進湖・本栖湖周遊バスで37分、精進下車、徒歩3分 🅿30台 **MAP** 折込表F4

本栖湖
もとすこあくてぃびてぃせんたー
本栖湖アクティビティセンター
富士山を望みながらSUPボートやヨガを

SUPをはじめ、カヌー（カヤック）やウインドサーフィンなど湖上スポーツや自然体験ツアーなどを実施。軽食処や宿を併設するほか、各体験（すべて予約制）の起点でもある。**DATA** ☎080-8746-8622 🏠山梨県身延町中ノ倉2926 ¥体験により異なる ⏰5～11月営業（詳細は要問合せ）🈺期間中無休 🚌富士急行河口湖駅から車で35分 🅿20台 **MAP** 折込表E5

column
千円札に描かれた富士山

本栖湖の北西岸、中ノ倉峠の山頂近くからは、千円札のデザインで知られる写真家・岡田紅陽氏の作品『湖畔の春』の風景が見られる。湖北西岸の登山道入口から登ると展望スペースが広がる。**DATA** ☎0556-62-1116（身延町観光課）🏠山梨県身延町中ノ倉 ¥見学自由 🚌富士急行河口湖駅から車で35分の登山道入口から徒歩30分 🅿周辺無料駐車場利用 **MAP** 折込表E5

高原に位置する山中湖畔と、名水の湧く忍野で心も体も癒やされます

山中湖の湖上クルーズ、四季折々の花畑では、優雅なひとときが過ごせ、世界遺産の忍野八海では、昔懐かしい風景に出会えます。旅の休憩にぴったりなカフェは、おしゃれなお店がたくさん。美食が自慢の宿に、温泉も備えるグランピング施設も注目です。

これしよう！
心地よさと新鮮食材を堪能
湖畔や森の中の心地よいカフェ＆レストランで、贅沢なひとときを楽しむ（☞P66・68）。

これしよう！
美食と絶景の宿が並ぶ
絶景はもちろん、料理自慢の宿や、ペットと泊まれる宿でゆったり過ごす（☞P70）。

これしよう！
水辺の景色と花畑を眺める
山中湖の逆さ富士や忍野の湧水池、山中湖花の都公園の絶景花畑は必見（☞P62・64）。

山中湖・忍野はココにあります！

河口湖・富士吉田
朝霧高原　富士山
山中湖・忍野
富士宮
富士市
御殿場

富士五湖最大の湖と名水が見せる美観スポット

山中湖・忍野
やまなかこ・おしの

こんなところ

富士五湖のなかで最も富士山に近い山中湖は、湖面に映る逆さ富士や、広大な花畑と富士山のコラボレーションなど絶景の宝庫。ボートや水陸両用バスで湖クルージングを楽しむのもおすすめだ。北麓にある忍野は、江戸時代には富士道者の霊場として知られた忍野八海が広がる名水の里だ。

---

access

●富士吉田・忍野・山中湖周遊バス「ふじっ湖号」

富士急行河口湖駅
↓ 8分
富士急行富士山駅
↓ 21分
忍野八海

左回り ↓ 22分	右回り ↓ 19分
山中湖旭日丘	長池親水公園
↓ 10分	↓ 7分
山中湖平野	

●富士急バス河口湖駅行き

JR御殿場駅
↓ 37分
山中湖旭日丘
↓ 15分
忍野八海

問合せ
山中湖観光協会 ☎0555-62-3100
山中湖村観光課 ☎0555-62-9977
忍野村観光案内所 ☎0555-84-4221
MAP 折込表A4〜D6、折込裏H1〜I2

～山中湖・忍野　はやわかりMAP～

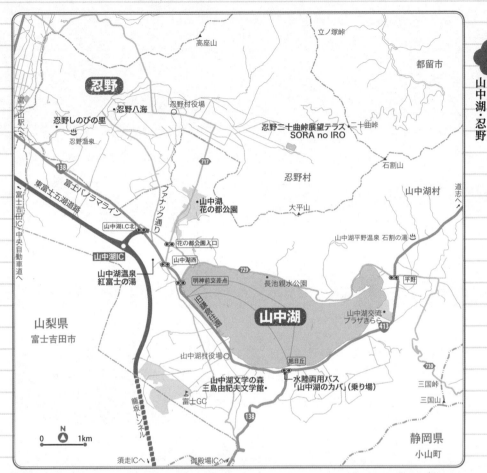

立ノ塚峠

都留市

高座山

忍野

忍野八海

忍野しのびの里

忍野村役場

忍野温泉

忍野二十曲峠展望テラス
SORA no IRO

二十曲峠

石割山

山中湖村

道志

138

富士パノラマライン

717

忍野村

大平山

東富士五湖道路

ブナック通り

山中湖
花の都公園

富士急ハイランドへ

山中湖I.C北

花の都公園入口

山中湖平野温泉 石割の湯

山中湖西

山中湖IC

富士吉田IC中央自動車道へ

山中湖温泉
紅富士の湯

明神前交差点

729

長池親水公園

平野

413

山中湖

山中湖交流
プラザきらら

山梨県

富士吉田市

旧鎌倉街道

730

山中湖村役場

三国峠

三国山

旭日丘

水陸両用バス
「山中湖のカバ」（乗り場）

山中湖文学の森
三島由紀夫文学館

富士GC

籠坂トンネル

0　　　1km
N

138

静岡県

小山町

須走ICへ

御殿場ICへ

やまなかこ
山中湖

標高980mに位置する、富士五湖中、最高地で最大の湖。絶景レストランや料理自慢の宿が並び、アクティビティも充実。

おしの
忍野

富士北麓の山々に囲まれた高原盆地。豊富な富士山の伏流水が生む名水の里で知られ、湧水池や花々が美しい忍野八海が有名。

観光に便利な乗り物

富士吉田・忍野・山中湖
周遊バス「ふじっ湖号」

河口湖駅から富士山駅を経由して山中湖・忍野方面を周遊する。「周遊バスクーポン」1500円があれば、2日間乗り降り自由で、ふじっ湖号と同一区間（同じバス停）であれば、一般路線バスも利用できる。
☎0555-72-6877（富士急バス）MAP 折込表H3

湖へダイブ＆お花畑でのんびり
山中湖で遊びましょう

湖上クルーズを体験できる水陸両用バスや、
富士山と季節の花の景色を巡るサイクリングなど、山中湖ならではの楽しみ方をご紹介！

▲富士山が間近に迫る山中湖をぐるりと遊覧

山中湖南岸
すいりくりょうようばす「やまなかこのかば」

水陸両用バス「山中湖のカバ」

湖畔も湖上も満喫できる水陸両用バス

水中と陸上で生活するカバをモチーフにした水陸両用バスに乗車して、山中湖を周遊。湖畔を走行した後は、そのまま湖へダイブ！ 富士山を望むダイナミックなクルージングを楽しめる。

☎0570-022956（富士急コールセンター：受付8〜18時）
🏠山梨県山中湖村平野506-296森の駅 旭日丘 💴乗車2300円（季節変動あり）※座席は予約制、空席があれば当日でも乗車可能 🕐要問合せ 休不定休（天候により運行中止の場合あり）🚃富士急行富士山駅から富士急バスJR御殿場駅行きで30分、山中湖旭日丘下車すぐ 🅿森の駅 旭日丘駐車場利用40台 MAP折込表C6

◀全長11.9m、幅2.48mの車体は、工業デザイナーの水戸岡鋭治氏がデザイン

▶左右の窓はガラス製ではなく、厚手のビニール製。水しぶきの迫力がダイレクトに伝わる

湖上クルーズ体験はコチラ

❶ツアー受付
受付場所は「森の駅 旭日丘」の2階。乗車日の1カ月前から予約できる

❷シアタールーム
大迫力の映像によるプレショーを見て、乗車前の期待が高まる！

❸乗車
車両後方のタラップから乗車。カバが描かれたシートに座って、いざ出発！

❺いよいよダイブ！
湖畔に着いたら、いよいよ湖へ突入！ 派手に上がる水しぶきに大興奮！

❻帰路
湖を周遊したら、再び上陸。「森の駅 旭日丘」へ戻り、ツアー終了

❹出発
車内でアテンダントとちびカバちゃんとの軽快なトークやクイズを楽しもう

白鳥型の遊覧船で山中湖を一周

山中湖遊覧船「白鳥の湖」号は、約25分で山中湖を一周する遊覧船。11.8ノット（時速約22km）の速さで進み、揺れも少なく、ゆっくり富士山を眺めながらクルーズを楽しめます。デザインは「山中湖のカバ」を担当した水戸岡鋭治氏によるもの。
☎0555-62-0130（富士汽船） MAP 折込表A5・C6

ポピー
初夏の訪れとともに小ぶりで可憐な花が咲く
エリア 花畑・農園エリア
見頃 6月下旬～7月中旬

山中湖北岸
やまなかこ はなのみやここうえん

山中湖 花の都公園

一面に花畑が広がる富士山と花の楽園

30万㎡ほどの花畑を有する公園。標高1000mの高原に季節の花が咲き誇る。春はチューリップ、夏はポピーなど、四季折々の花々と富士山が織りなす絶景を観賞できる。無料の「花畑・農園エリア」と有料の「清流の里」からなる。

☎0555-62-5587 住山梨県山中湖村山中1650 ¥有料エリア入園600円（時期により異なる）時8時30分～17時30分（10月16日～4月15日9時～16時30分）休12月1日～3月15日の火曜（祝日の場合は開園）交富士急行富士山駅から周遊バス「ふじっ湖号」で30分、花の都公園下車すぐ P220台（1回300円）MAP 折込表B4

黄花コスモス
あたりをオレンジ色に染める
エリア 花畑・農園エリア
見頃 8月下旬～10月中旬

ネモフィラ
青い花が一面に広がる幻想的な眺め
エリア 清流の里
見頃 5月上旬～6月上旬

こんな楽しみ方もあります！

▲4人乗り自転車

レンタサイクル
広大な園内を巡るにはレンタサイクルがおすすめ。受付は有料エリア内。営業期間は4月中旬～10月中旬。
料金2人乗り：30分500円、4人乗り：30分1000円

清流の里
有料エリアの清流の里には、花や水辺のゾーン、熱帯植物が彩る温室ドーム、富士山の噴火でできた溶岩樹型を観察できる施設などがある。
料金600円（時期により異なる）

▲年間を通して約300種類の植物を見ることができる温室、フローラルドームふらら

▲水辺のゾーンにある、落差10m、幅80mの明神の滝

┃「山中湖のカバ」では、ふた付きの飲み物は持込み可能。船内にエアコン設備がないので、特に夏は飲み物必須です。

世界遺産にも選ばれた名水の里
日本の原風景・忍野八海をおさんぽ

忍野八海は、富士山の雪解け水が湧出する8つの池の総称。
茅葺きの屋根や、水車などどこか懐かしい風景が広がっています。

雄もがのぞき込むほど、美しいコバルトブルー。富士山も一望できる

忍野
おしのはっかい
忍野八海

**名水が湧く池の周りには
日本の原風景が広がる**

富士山の伏流水に水源をもつ湧水池の「忍野八海」は、かつては富士登拝を目指す富士講信者がみそぎを行う霊場だったことから、各池に守護神の八大竜王が祭られている。「形状、水質、水量、保全状況、景観、仏教思想など」の観点から国の天然記念物に。全国名水百選にも選定。

☎0555-84-4221(忍野村観光案内所) 🏠山梨県忍野村忍草 💴🕐🈺見学自由 🚃富士急行富士山駅から周遊バス「ふじっ湖号」で29分、忍野八海下車すぐ Ⓟ周辺駐車場利用 ＭＡＰ折込裏H1

◆歩き方のコツ
池をまわる順番は決まっていないので、駐車場やバス停から近い順にまわろう。池周辺には有料駐車場がある。

なかいけ
中池

忍野八海の観光拠点 青く美しい人工池

非常に高い透明度を誇る、深さ8mの人工池。そのため忍野八海の8つの池には属していない。池の周辺に飲食店やみやげ店が軒を連ねており、観光客が多く行き交う中心エリアとなっている。

▲雪に覆われた冬に訪れるのもおすすめ

忍野八海のみどころをチェックしましょう!

わくいけ
湧池

かつて富士山が噴火した際に、水を求めて苦しむ人々の声に応えた木花開耶姫命が造ったという伝説が残る。忍野八海のなかで最も湧水量が多く、透明度が高い。

祭神 徳叉迦竜王

最大の湧水量を誇る忍野八海のシンボル

▲池底には水中洞窟が続く美しい池

かがみいけ
鏡池

湧水量が少ないため水面が穏やかで、条件が整えば水面に富士山が映る「逆さ富士」を見られる。池には善悪を見分ける霊力があるといわれている。

祭神 摩那斯竜王

▶富士山の姿が鏡のように映ることから鏡池の名がついた

晴れた日には水面に富士山が映ることも

焼きたての
草餅を
さんぽのお供に

中池から徒歩1〜2分のところにある「渡辺食品」では、忍野周辺でとれるヨモギを使った草餅を店頭で販売。草餅は1個100円で、中にはつぶ餡がたっぷり詰まっています。漬物などのみやげも好評。
☎0555-84-4106 **MAP** 折込裏H1

山中湖・忍野 ●日本の原風景・忍野八海をおさんぽ

菖蒲池
しょうぶいけ

病気平癒を祈願した菖蒲伝説の舞台

初夏には菖蒲の花を見られる。夫の病気平癒を祈願した妻が、池の菖蒲を夫の体に巻けば治るというお告げを受けた伝説が残る。
祭神 優鉢羅竜王（うはつらりゅうおう）

▲ 水深は50cmほど。穏やかな水面に周囲の景色が映る

忍野八海

菖蒲池 1分
鏡池 2分
食事処、みやげ物店が並び賑やか
忍野八海（高速バス 新宿バス行）
中池 1分
中池の島へはみやげ物店の中を通る
水車小屋
かまのはた
この方向に富士山が見える
湧池
濁池
渡辺食品
忍野村観光案内所
榛の木林資料館
銚子池 2分
3分 八海橋 2号
八海橋 1号
底抜池
このあたりで川に下りられる
資料館入口 ここから底抜池側は有料
お釜池 1分
山中湖へ
点滅信号
忍野八海（ふじっ湖号・高速バス東京駅）
15分
出口池入口
出口池の案内板
出口池 出口池
出口稲荷大明神

お釜池
おかまいけ

梅花藻が咲く悲しい伝説が残る池

8つの池のうち最小だが、水深は深いところで約7mある。この池で洗濯をしていた姉妹が巨大なカエルによって水中に引き込まれたという言い伝えがある。
祭神 跋難陀竜王（ばつなんだりゅうおう）

▶ 池のほとりに出口稲荷大明神が祭られている

出口池
でぐちいけ

ほかの7つの池とは離れており、溶岩の下から湧水が見られる。池の水は"清浄な水"とされ、富士登山に向かう行者たちが安全祈願のため携帯したという。
祭神 難陀竜王（なんだりゅうおう）

忍野八海最大の霊水の池

▲ 池のほとりには出口稲荷大明神が祭られている

銚子池
ちょうしいけ

阿原川沿いの草地にある池。昔、結婚式でおならをしたことを恥じた花嫁が、銚子を持ったままこの池に身を投げたという伝説がある。
祭神 和脩吉竜王（わしゅきつりゅうおう）

草地の中にある縁結びの池

▲ 池の底の砂を巻き上げて水が湧出している様子がわかる

底抜池
そこなしいけ

トチノキが生える静かな場所

この池に落とした道具や野菜が、のちにお釜池に浮かび上がるといわれている。榛の木林資料館（￥300円）の敷地内にある。
祭神 娑加羅竜王（しゃがらりゅうおう）

▶ お釜池と地底で水脈がつながっているといわれている

濁池
にごりいけ

一杯の水を求めた行者の頼みを断ったため、池が濁ったという伝説から濁池とよばれる。透明度が高く清らかな水が川へと流れる。
祭神 阿那婆達多竜王（あなばだったりゅうおう）

透明度の高い水をたたえる

▲ 阿原川と合流する池。揺らめく水草に癒される

 忍野八海近くを流れる新名庄川（しんなしょうがわ）沿いには、400mにわたりソメイヨシノが植えられています。

おしゃれなお店の名物に舌鼓
山中湖・忍野で贅沢ランチタイム

湖の風が心地よいテラス席に、かわいらしい造りの店内…
カフェやレストランの名物メニューを味わいながら、優雅なひとときを過ごしましょう。

＊
パスタランチ
1780円
パン、サラダ、ドリンクがセットになったランチメニュー（月替わり）

▲天気がよければ、緑に囲まれたテラス席で食事を楽しめる

山中湖南岸
ふじやま きっちん
FUJIYAMA KITCHEN

旬の食材を使ったランチも自慢のレストラン

PICA山中湖のゲストハウス内にある欧風レストランで、イタリアン、フレンチをベースとした料理を楽しめる。山梨・静岡の契約農家から仕入れた有機野菜や、甲州ワインビーフなどの山梨県のブランド食材を使っている。

☎0555-62-4155（PICA山中湖）住山梨県山中湖村平野506-296 営11～14時LO、17～20時LO 休水・木曜（8・9月は無休、冬期は不定休）交富士急行富士山駅から富士急バスJR御殿場駅行きで30分、山中湖旭日丘下車すぐ P20台 MAP折込表C6

＊
お得な2名セット
4598円
サラダ、ピザ、パスタ、ドリンク、ミニパフェのセット。2階ミュージアムのチケット付き

▲廃材を利用して造り上げた西洋の城をイメージした建物

山中湖東岸周辺
よーろぴあんかふぇ ぐーたん
ヨーロピアンカフェ GOUT TEMPS

おとぎ話のような世界が広がるイタリアンレストラン

店内のいたるところにアンティーク家具や、端材を利用して作ったミニチュア作品が飾られており、絵本の中の世界に入り込んだよう。2階にはミニチュアドールハウスミュージアム（入館770円）も併設されている。

☎0555-65-7080 住山梨県山中湖村平野1020-1 営11時30分～17時（火曜は～15時、土・日曜、祝日11～20時）休水曜、第3火曜 交富士急行富士山駅から周遊バス「ふじっ湖号」で47分、平野下車、徒歩15分 P12台 MAP折込表D4

名水を生かしたとっておき和食を味わうなら　コチラへ

山中湖西岸
しょうや（ほうとう・そば）
庄ヤ（ほうとう・そば）

山梨特産メニューも豊富

富士の伏流水で練り上げたほうとうは全部で12種類。馬刺しや、鳥もつ煮など山梨名物が充実している。石臼挽きそばや天丼も人気だ。ワカサギの無料調理サービスも好評。

☎0555-62-5154 住山梨県山中湖村山中134 営11～15時、17～20時（土・日曜、祝日11時～20時30分）、LOは各閉店の15分前 休木曜 交富士急行富士山駅から富士急バスJR御殿場駅行きで23分、観光船のば下車すぐ P25台 MAP折込表A5

▲山中湖を一望できる純和風の店内

庄ヤセット 1700円
かぼちゃほうとうと、ワカサギのフライなどが一度に味わえるボリューム満点のセット

**1日40食限定の
シチュー専門店**

隠れ家的レストランの「煮込みStewの店 Casserole（きゃせろーる）」。国産牛をじっくりと煮込んだビーフシチューセット3000円や、チキンクリームシチューセット2500円（写真）が人気。特製の冷めにくいキャセロールで供されます。
☎0555-65-6311 〔MAP〕折込表D5

**今月のカフェごはん
1700円**

月ごとに季節の野菜をふんだんに使った料理が登場する

▲山中湖が目の前に広がるおしゃれなテラス席が特等席

山中湖北岸
かふぇあんどおーべるじゅ りきゅう
カフェ＆オーベルジュ 里休

山中湖畔を望むオーベルジュの自然派ランチ

宿泊施設併設のリゾート感たっぷりのカフェレストラン。パスタ・セット1900円やカレー・セット1700円などランチメニューが豊富で、食材は地産地消にこだわり地元産の食材を使う。店内では茶器なども販売している。

☎0555-65-7870 〔住〕山梨県山中湖村平野2408-1 〔宿〕宿泊は1泊2食付1万9000円〜 〔時〕11〜20時（ディナーは完全予約制）〔休〕水曜第3木曜 〔交〕富士急行富士山駅から周遊バス「ふじっ湖号」で43分、山中東小学校前下車、徒歩6分 〔P〕6台 〔MAP〕折込表D5

**ハンモックドッグ
670円〜**

河口湖のソーセージマイスターが手がけた評判のホットドッグ

▲店内各所に設置されたハンモックでのんびりしたい

山中湖南岸
はんもっく かふぇ
Hammock Cafe

ハンモックに揺られる非日常の空間でひと休み

木々の間にハンモックが掛けられ、自然のなかでくつろげるカフェ。山中湖を望むカウンター席や、雨天時も利用できるツリーハウスもおすすめ。パリッとジューシーなソーセージのハンモックドッグはランチで人気。

☎0555-62-4155（PICA山中湖）〔住〕山梨県山中湖村平野506-296 〔時〕11時〜15時30分LO 〔休〕水・木曜（祝日の場合は営業。GW、夏期は無休。冬期は不定休）※雨天時は休業の場合あり 〔交〕バス停山中湖旭日丘からすぐ 〔P〕20台 〔MAP〕折込表C6

忍野
てうちそばてんしょうあん
手打ちそば天祥庵

富士山の湧水で打つそば

国産そば粉と富士山の湧水、数種類の薬味に焼き味噌が付くぶっかけそばが名物。自家製の漬物350円や煮穴子600円など、店主自慢の一品料理と併せて味わいたい。

☎0555-84-4119 〔住〕山梨県忍野村忍草2848-2 〔時〕11〜16時（売り切れ次第閉店）〔休〕水曜（祝日の場合は営業）〔交〕富士急行富士山駅から富士急バスJR御殿場駅行きで12分、忍野しのびの里下車、徒歩10分 〔P〕20台 〔MAP〕折込裏H1

ぶっかけ 1390円

冷たいそばに焼き味噌や5種類の薬味をのせ、ツユをかけて豪快に食べる

▶茅葺き屋根の建物から何ともいえない風情を感じる

木々のざわめきや風を感じる
山中湖畔&忍野のくつろぎカフェ

別荘地や美術館などが数多く立ち、リゾートムードに包まれている山中湖畔と忍野村。
木々の緑や湖畔の風を感じながらくつろげるカフェで、自慢のスイーツを味わいましょう。

山中湖南岸

ぺーぱーむーん
ペーパームーン

木々の緑が心地よい大人のための癒やし空間

湖畔の雑木林に抱かれたカフェ。定番のアップルパイや季節のフルーツを使ったものなど、無添加素材にこだわったケーキを常時15種類ほど用意する。抽出時間や温度管理に気をつけた香り高い紅茶も種類豊富。

☎0555-62-2041 **住**山梨県山中湖村平野481-1 **時**11時～18時30分 **休**無休 **交**富士急行富士山駅から周遊バス「ふじっ湖号」で47分、湖山荘前下車、徒歩2分 **P**30台 **MAP**折込表C6

アップルパイ
990円
アールグレイ
770円

大きめにカットされたリンゴが生地からはみ出るほど入ったアップルパイ。紅茶770円～は約20種類のなかから選べる

▶ガラス張りで開放的な雰囲気の外観。10歳以下の入店は不可(左)。ドライフラワーが飾られた華やかな店内(右)

季節の草花ガーデンや自然の樹木の花が楽しめる。春先には鹿が遊びに来ることもあるという

スティック
ケーキ店の
工場直営
アウトレット

忍野村の「NewYork Stick ファクトリーアウトレット」では、さまざまな種類のケーキの切り落としや規格外の商品を割引価格で販売。チーズケーキ、ブリュレ、焼き菓子、チョコレートなど多くの洋菓子が揃う。一番人気の訳ありチーズケーキは1箱（5切れ入り）832円。
☎0555-84-3276 **MAP** 折込裏I1

山中湖西岸
しゅがーめいぷる
シュガーメイプル

優雅なインテリアに心安らぐ
エスプレッソ専門店

創業当時から変わらぬ店内は、ボルドーのカーペットにクラシカルな椅子を配したシックな趣。窓も大きく、庭の緑とのコントラストも美しい。注文ごとに豆を挽き、スイス製エスプレッソマシンで淹れるコーヒーをぜひ。
☎0555-62-2743 **住**山梨県山中湖村山中865-137 **時**10〜18時（11〜3月は〜17時）、LOは各30分前 **休**不定休（7月20日〜8月31日は無休）**交**富士急行富士山駅から周遊バス「ふじっ湖号」で32分、花の都公園入口下車、徒歩8分 **P**15台 **MAP** 折込表A4

エスプレッソコーヒー
730円
レモンムースケーキ 480円
コーヒーは上質な豆の味がいっそう引き立つアイスもおすすめ。ケーキは10種類ほど用意

椅子は座り心地にこだわった特注品。ビロードの布張りで肌ざわりもいい。木のテーブルや壁と色も調和

▲春から秋にかけて店先は花で埋め尽くされる

忍野
あんてぃーくさぼう りあん
アンティーク茶房 里庵

レトロな調度品に囲まれた
ノスタルジックな隠れ家カフェ

骨董品の買い取り・販売をするオーナーが始めたカフェ。1階には西洋のアンティーク、2階には日本の骨董品を配す。3〜5種類ほど用意される季節の自家製ケーキと一杯ずつ抽出するコーヒーが自慢。
☎0555-84-7327 **住**山梨県忍野村忍草2849-2 **時**10〜18時LO **休**火・水曜 **交**富士急行富士山駅から富士急バスJR御殿場駅行きで12分、忍野のびの里下車、徒歩10分 **P**10台 **MAP** 折込裏H1

ナッツケーキ 660円
珈琲 550円
アーモンドなどナッツの食感が楽しめるケーキと、コクのあるコーヒーが相性抜群

資材置き場として使われていた建物をリフォーム。ケーキやコーヒーの皿やカップにもアンティーク品を使う

📖「アンティーク茶房 里庵」では、オーナーにお願いすれば、蓄音機の音色も聞けます。

富士の恵みをふんだんに
山中湖・忍野の美食宿でお泊まり

山中湖や忍野八海での観光を満喫した後は、おいしい料理で一日を締めたいもの。
地元の食材をたっぷり使った料理が自慢の宿で、身も心も大満足の夜を過ごしましょう。

山中湖北岸
ほてるまうんとふじ
ホテルマウント富士

お好みでフレンチか和食が選べる

標高1104mの高台に立てられたホテル。客室は洋室を中心に10タイプ以上あり、ほとんどの客室から富士山ビューを楽しめる。夕食会場は、本格的なフレンチを味わえる店や甲斐の地酒も揃う和食レストランなどから、好みに合わせて選べる。

☎0555-62-2111 🏠山梨県山中湖村山中1360-83 🚌富士急行富士山駅から周遊バス「ふじっ湖号」で36分、富士山山中湖（ホテルマウント富士入口）下車、送迎バスで10分 Ｐ150台 MAP折込表B4 🛏150室 ●昭和38年（1963）創業 ●風呂：内湯1、露天2、貸切なし ●立ち寄り湯：¥2200円●12〜18時（水曜14時〜）●休要問合せ

美食へのこだわり 素材にこだわったフレンチ（写真）、旬の味わいが楽しめる和食、いずれも料理長の技が光る

1 山中湖と富士山を望む展望風呂「はなれの湯」 2 季節の食材、新鮮な素材にこだわった本格フランス料理 3 休前日には、和洋の美味を集めたバイキングディナーも選べる 4 客室からは眼下に山中湖、右手に富士山を眺められる

CHECK
✛1泊2食付料金✛
平日2万6600円〜
休前2万4900円〜
✛時間✛
⏰IN15時、OUT11時

山中湖東岸
てっぱんやきあんどわいんのしゅんやど ゆめのき
鉄板焼き&ワインの旬宿
夢野樹

甲州ワインと地元食材をいただく

山中湖から少し入った静かなロケーションにある完全禁煙宿のペンション。ソムリエエクセレンスのオーナーが厳選した山梨ワインと、希少な甲州ワインビーフの鉄板焼を堪能できる。

☎0555-65-7255 🏠山梨県山中湖村平野548-47 🚌富士急行富士山駅から周遊バス「ふじっ湖号」で47分、平野下車、徒歩20分（平野バス停から送迎あり、要予約）Ｐ8台 MAP折込表D5 🛏6室 ●平成22年（2010）創業 ●風呂：貸切2 ●立ち寄り湯：なし

美食へのこだわり 忍野産のニジマスのムニエル、甲州ワインビーフ（最高級部位フィレ肉）と季節の野菜など、新鮮地産食材を贅沢に使用

1 客室はすべてバルコニー付き 2 館内の随所から富士山が望める 3 お箸でいただく極上ディナーは、五感で楽しめる鉄板焼きが魅力だ

CHECK
✛1泊2食付料金✛
平日1万6000円〜
休前1万7000円〜
✛時間✛
⏰IN15時、OUT10時

源泉かけ流し ルームサービス エステあり 禁煙ルームあり 大浴場あり ひとり宿泊OK

日帰りでも美食と温泉が満喫できます

「ホテルマウント富士」では、日帰り温泉プランも用意。温泉は展望風呂「はなれの湯」と、半露天風呂や最新式ロウリュウサウナを備える大浴場「満天星の湯」を利用できます。昼食付きプランの場合は、和食御膳と洋食ランチコースから食事を選べます。
☎0555-62-2111 MAP 折込表B4

忍野八海周辺
はっかいこのはなかん
八海木花館

1日3組限定のプライベート空間

2022年夏開業の宿。それぞれが独立した3棟の2階建て客室には、和ダイニング、専用庭園、半露天風呂などがしつらえられている。夕食・朝食では忍野村の豆腐や山梨県で開発されたサーモンなど地元食材を使った料理が登場する。

☎0555-28-7590 住山梨県忍野村忍草1229-1 交富士急行富士山駅から富士急バスJR御殿場駅行きで20分、ファナック前下車、徒歩7分（富士山駅から送迎あり、要予約）P3台 MAP 折込表裏12 室3棟 ●2022年開業 ●風呂：各部屋に半露天風呂 ●立ち寄り湯：なし

美食へのこだわり ✨
忍野で作られる豆腐や卵、山梨県のオリジナルサーモン・富士の介（すけ）などを用意

1 忍野村の恵みが感じられる朝食の一例。2 夕食の一例。山梨県産や地元忍野の食材をふんだんに使用した創作懐石料理 3 客室「雪富士」の和ダイニングから専用庭園を望む 4 客室「紅富士」の半露天風呂。四季折々の景観を眺めながらくつろぎたい

CHECK
✛1泊2食付料金✛
平日4万5800円〜
休前日4万9800円〜
✛時間✛
🕐IN15時、OUT10時

美食へのこだわり ✨
料理長が腕をふるった旬菜料理の夕食は、客室で気兼ねなく食べられるのがうれしい

1 客室はシンプルで落ち着いた雰囲気 2 女性用の大浴場「花明り」は、檜造りになっている 3 彩り豊かな旬菜料理の一例

山中湖南岸
はなかおるやど ほてるさんすいそう
花薫る宿 ホテル山水荘

閑静な湖畔の宿で日本料理を

唐松林に囲まれた自然あふれる山中湖畔のホテル。洋館を思わせるエキゾチックな外観と、畳張りでシックな客室とのコントラストが特徴的。館内には女将が作った押花絵が約100点展示されている。

☎0555-62-1212 住山梨県山中湖村平野506-1 交富士急行富士山駅から富士急バスJR御殿場駅行きで30分、山中湖旭日丘下車、徒歩5分 P30台 MAP 折込表C6 室36室 ●昭和28年(1953)創業 ●風呂：内湯1、貸切1 ●立ち寄り湯：なし

CHECK
✛1泊2食付料金✛
平日1万3200円〜
休前日1万4300円〜
✛時間✛
🕐IN15時、OUT10時

📖「富士の介」は、ニジマスとマス類の最高級・キングサーモンの交配種。おいしさや肉質のよさのほか、養殖しやすい点が強みです。

ととのう空間に注目です。
グランピングでほっこり休日

山中湖や忍野の清流を肌で感じながら過ごせるゴージャスなグランピング体験。
プライベートに楽しめるサウナや天然温泉を満喫しながらとっておきの一日を。

+おすすめポイント+
人工温泉成分を採用した露天風呂と水風呂完備のととのい空間。富士山を眺めて最高のくつろぎを

▲本格テントサウナでロウリュウを満喫

山中湖西岸 🏕️🐾

ぴじょん ぐらんぴんぐ りぞーと あんど すぱ やまなかこ

VISION GLAMPING Resort & Spa 山中湖

全室富士山ビューの空間で
たき火も星空も独り占め

富士山と山中湖に囲まれ、全室に露天風呂とテントサウナを完備。施設内に共有スペースのない、こだわり抜いたプライベート空間が魅力だ。ペットも一緒にのんびりくつろげる。

☎0120-522-085 🏠山梨県山中湖村山中1385-43 💴1泊2食付1棟2名利用時4万700円～ 🕐IN17時／OUT10時 🈚無休 🚌富士急行富士山駅から周遊バス「ふじっ湖号」で29分、花の都公園下車、徒歩10分(富士山駅から送迎あり) 🅿20台 🏠15棟 MAP 折込表A4

1 最大8人で泊まれるドームテント。グループで泊まり、食事やたき火も楽しめる 2 すべての部屋から富士山が望める 3 宿泊スペースではリードなしで、愛犬と過ごせる 4 有名イタリアン「ロトンド」監修のイタリアンBBQに舌鼓 5 たき火で楽しむ焼き芋やマシュマロなどスイーツも用意

🔵デイキャンプ 🔺テント貸出 🏬売店 ♨風呂 🚐オートキャンプ 🏠コテージ 🍴レストラン 🐾ペット

全棟から
富士山を望む
プライベート
グランピング施設

山中湖の針葉樹の森の中にたたずむ、わずか3棟のグランピング施設「LE NIDO ール・ニドー」。セルフ型チェックイン・チェックアウト。室内にはラグジュアリーなシャワールームとトイレも備えています。

☎080-5233-7807 MAP 折込表B5

◀夕食は専用BBQスペースで忍野サーモンや甲州牛を堪能

おすすめポイント✦
各部屋には完全にプライベートな空間で静かに開放感に浸れる天然温泉のお風呂が用意されている

忍野
ぐらんどーむふじおしの
グランドーム富士忍野

楽しみ方で選べる
個性派揃いの客室が魅力

アウトドア志向、リゾート滞在志向などニーズに合わせて選べる3種の客室を用意。全室に天然温泉風呂も完備している。グループや2世帯旅行にも最適なヴィラタイプもある。

☎050-3198-5844(10〜18時) 住山梨県忍野村忍草2834 ¥1泊2食付2万9700円〜 ⏰IN15時／OUT10時(ヴィラフォレスタは11時) 休HPで要確認 交富士急行富士山駅から富士急バスJR御殿場駅行きで12分、忍野しのびの里下車、徒歩2分 P10台 室8棟 MAP 折込裏H1

1プールや調理設備もあるヴィラフォレスタは2世帯やグループ向き 2天蓋のかかるラグジュアリーなラビステント 3アクアドームのアウトドアリビングからはリバービューが望める

山中湖東岸
ぐらんぴんぐゔぃれっじ
ととのいふじやまなかこ
グランピングヴィレッジ
TOTONOI富士山中湖

サウナーも大満足の
2つのととのい施設を体験

施設内に県内初となるMETOS社の「イグルーサウナ」と、トレーラーサウナ「ASEMA」を設置。完全予約制で利用できる。各棟には100㎡ほどのガーデンも設けられている。

☎0555-25-6434 住山梨県山中湖村平野295 ¥スタンダードベッド1泊2食付2万8380円〜 ⏰IN15時／OUT10時 休無休 交富士急行富士山駅から周遊バス「ふじっ湖号」で47分、平野下車、徒歩5分 P12台(1棟2台まで) 室6棟 MAP 折込表D5

おすすめポイント✦
ドーム型のイグルーサウナでロウリュウを満喫したら、開放感抜群のデッキでゆっくりととのおう

▶70〜90℃のロウリュウは初心者にもおすすめ

1 2個のドームが合体したコネクトドームはグループ旅行におすすめ 2スタンダード4ベッドはマットレス追加で6名まで利用可 3地元野菜たっぷりのチャパティサンドやスムージーの朝食

ココにも行きたい

山中湖・忍野のおすすめスポット

山中湖北岸
📷 ながいけしんすいこうえん
長池親水公園

富士山と湖面に映る「逆さ富士」

山中湖北岸に整備された公園。周りに遮るものがなく、富士山の裾野から頂上まで望める。湖面に映る逆さ富士や、頂上に太陽が沈むダイヤモンド富士が見られることも。**DATA**☎0555-62-3100（山中湖観光協会）🏠山梨県山中湖村平野 🅈ー 🕐散策自由 🚃富士急行富士山駅から周遊バス「ふじっ湖号」で40分、長池親水公園前下車すぐ 🅿77台 **MAP**折込表B5

山中湖西岸
🍴 きょうどりょうり しーほーす
郷土料理 海馬

甲州の名物料理を味わえる

地元素材を使った料理を提供。ほうとうや馬刺しがセットの甲斐路御膳3000円（写真）、忍野の名水仕込みの豆腐を使った湯豆腐とワカサギのフライ定食1700円。**DATA**☎0555-62-1616 🏠山梨県山中湖村山中86 🕐10時30分～21時 🚫不定休 🚃富士急行富士山駅から富士急バスJR御殿場駅行きで23分、富士山山中湖（ホテルマウント富士入口）下車、徒歩3分 🅿20台 **MAP**折込表A5

忍野
🎵 おしのしのびのさと
忍野しのびの里

忍者になれちゃう体験型テーマビレッジ

忍者アトラクションをはじめ、食事処、売店などがある"忍者"のテーマパーク。**DATA**☎0555-84-1122 🏠山梨県忍野村忍草2845 🅈入園1800円（忍者ショー観覧券含む、景品付きアトラクション利用は1回500円～。食事処、茶処、売店は入園無料）🕐9～17時（変動あり）🚫HPで要確認 🚃富士急行富士山駅から周遊バス「ふじっ湖号」で18分、忍野しのびの里下車すぐ 🅿100台 **MAP**折込裏H1

山中湖南岸
📷 やまなかこぶんがくのもり みしまゆきおぶんがくかん
山中湖文学の森
三島由紀夫文学館

三島文学のすばらしさにふれる

昭和の文豪・三島由紀夫の直筆原稿や創作ノートなどを展示。閲覧室では、雑誌や図書を読むことができる。**DATA**☎0555-20-2655 🏠山梨県山中湖村平野506-296 🅈入館500円（徳富蘇峰館と共通）🕐10時～16時30分（最終入館16時）🚫月・火曜（祝日の場合は翌日）🚃富士急行富士山駅から富士急バスJR御殿場駅行きで30分、山中湖文学の森公園下車、徒歩5分 🅿50台 **MAP**折込表B6

忍野
📷 おしのにじゅうまがりとうげてんぼうてらす そら の いろ
忍野二十曲峠展望テラス
SORA no IRO

2022年9月オープンの展望デッキ

遮るものが何もない長さ約50mのウッドデッキから、富士見百景にも選出された眺望を楽しめる。二十曲峠までの林道は、道幅が狭い所もある。**DATA**☎0555-84-4222（忍野村観光協会）🏠山梨県忍野村内野 🅈🕐🚫見学自由 🚃富士急行富士山駅から車で25分 🅿臨時駐車場18台 **MAP**折込裏E3

忍野
📷 もりのなかのすいぞくかん。やまなしけんりつふじゆうすいのさとすいぞくかん
森の中の水族館。
山梨県立富士湧水の里水族館

富士山の湧水を使用した淡水魚水族館

メイン水槽は二重構造で、大小の魚が一緒に泳いでいるように見える。**DATA**☎0555-20-5135 🏠山梨県忍野村忍草3098-1 🅈入館420円 🕐9～17時（7～9月は～18時）🚫火曜（祝日の場合は翌日）🚃富士急行富士山駅から周遊バス「ふじっ湖号」で20分、さかな公園下車、徒歩3分 🅿100台 **MAP**折込裏H1

山中湖西岸
🎵 やまなかこまりんはうすもも
山中湖マリンハウスmomo

ワカサギ釣りに挑戦しよう！

ワカサギ釣り体験約3時間5300円（遊漁料別途）をはじめ、手ぶらで行っても楽しめるレイクレジャーが充実している。**DATA**☎080-2072-3939 🏠山梨県山中湖村山中212-5 🅈メニューにより異なる 🕐6～17時 🚫不定休 🚃富士急行富士山駅から富士急バスJR御殿場駅行きで26分、一之橋下車、徒歩5分 🅿50台 **MAP**折込表B5

空中にせり出すように造られた展望テラス。周囲はガラス張りになっている

緑のネットが張られたハンモックで、寝転びながらのんびりできる

忍野
🛍 とうふのえき かどやとうふてん
豆ふの駅 角屋豆富店

できたての豆腐を味わう！

富士山から湧き出る伏流水を使った豆腐の専門店。濃厚で繊細な味の豆腐で、寄せ豆腐200円のほか黒胡麻、しそ、ゆず一味など種類も豊富。

DATA☎0555-84-2127 🏠山梨県忍野村内野556 🕐9～17時（季節により変動あり）🚫水曜（8月は無休）🚃富士急行富士山駅から周遊バス「ふじっ湖号」で26分、承天寺下車すぐ 🅿10台 **MAP**折込裏I1

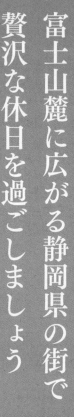

富士山麓に広がる静岡県の街で
贅沢な休日を過ごしましょう

リゾート施設で遊んだり、高原で動物たちとふれあったり…
日頃の疲れをリフレッシュさせてくれる場所がいっぱいです。
富士山の恵みが実感できる絶景やグルメ、おみやげも目白押し。
霊峰の歴史や文化にふれながら、街巡りをするのも一興です。

これしよう！

富士山を眺めて
一日中遊ぶ
御殿場のリゾート複合
施設で、ご宿泊しながら
温泉やアクティビティ
を満喫（☞P84）。

これしよう！

自慢の焼そばは必食！
ソウルフードの富士宮やきそば
（☞P92）を味わい、話題のほうじ
茶スイーツもチェック（☞P96）。

これしよう！
雄大な自然を
心ゆくまで楽しむ
富士山が織りなす美観
に浸ったり、広大な牧
場で動物と身近にふれ
あいたい（☞P78・82）。

朝霧高原・富士宮・富士市・
御殿場はココにあります！

河口湖・
富士吉田

山中湖・
忍野

富士山

朝霧高原　御殿場

富士宮

富士市

富士山が生む唯一無二の絶景と名物を堪能する

富士山麓・御殿場

ふじさんろく・ごてんば

こんなところ

富士山を中心とした広大な裾野地帯の
うち、朝霧高原、富士宮、富士市、御殿
場は静岡県に属す。エリアごとに特徴の
異なる富士の美観が楽しめるのはもち
ろん、豊かな土壌が生むお茶やそば、酪
農製品にはじまり、ご当地グルメも満載
だ。癒やしの面も充実したリゾート複合
施設も楽しい。

a c c e s s

●富士急バス新富士駅行き

富士急行富士山駅

↓ 8分

富士急行河口湖駅

↓ 55分

道の駅 朝霧高原

↓ 12分

まかいの牧場

↓ 5分

白糸の滝

↓ 23分

JR富士宮駅

↓ 32分

JR新富士駅

●富士急バスJR御殿場駅行き

富士急行河口湖駅

↓ 8分

富士急行富士山駅

↓ 1時間2〜22分

JR御殿場駅

●JR身延線・普通

JR富士宮駅

↓ 19分

JR富士駅

問合せ
富士宮市観光協会 ☎0544-27-5240
富士市交流観光課 ☎0545-55-2777
富士山観光交流ビューロー
　　　　　　　　 ☎0545-64-3776
御殿場市観光協会 ☎0550-83-4770
MAP 折込裏B3〜E5

～富士山麓・御殿場 はやわかりMAP～

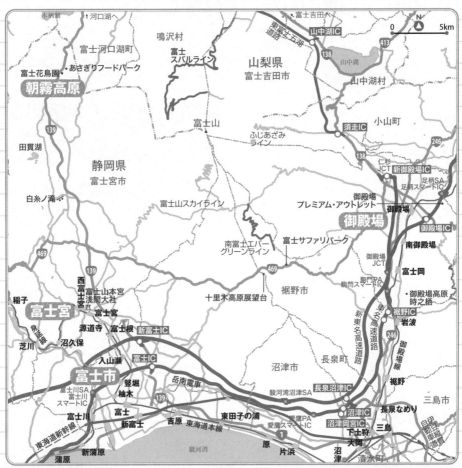

→ 注目のエリアはコチラです

あさぎりこうげん
朝霧高原
富士山西麓に広がる高原地帯。まかいの牧場や富士花鳥園など動物とのふれあいスポットや、白糸ノ滝、田貫湖など絶景も多い。

ふじのみや
富士宮
戦国武将らが崇敬した富士本宮浅間大社とその門前町が広がる。名物・富士宮やきそばや地ビールなど名物グルメも外せない。

ふじし
富士市
茶畑と富士山のコラボ絶景が美しい大淵笹場や、新ブランドのほうじ茶グルメに注目。静岡名物が集まる道の駅にも足を運んで。

ごてんば
御殿場
巨大アウトレットや、温泉・アクティビティも楽しめる複合リゾートが充実する。サファリパークで動物観察も満喫できる。

富士山の成り立ちを感じる
ダイナミックな絶景ドライブ

絶景&パワースポットを巡りながら、富士南麓の街から西麓の高原地帯へ北上。
静岡名物の代名詞・茶畑や、豊かな水と緑が織りなす滝など、自然美を満喫しましょう。

おすすめコース

- **スタート** JR富士駅
  - ↓ 10.0km／約20分
- ❶ 大淵笹場
  - ↓ 9.0km／約18分
- ❷ 静岡県富士山
  世界遺産センター
  - ↓ 6.0km／約8分
- ❸ DOI FARM
  - ↓ 7.0km／約10分
- ❹ 白糸ノ滝
  - ↓ 6.0km／約8分
- ❺ 田貫湖
  - ↓ 12.0km／約20分
- **ゴール** 道の駅 朝霧高原

富士市

❶ 大淵笹場
おおぶちささば

静岡県を象徴する絶景スポット

一面に広がる茶畑とその背後にそびえる富士山を望める。電線などの人工物がほとんど写らない風景で人気の撮影スポット。

☎0545-64-2430(新富士駅観光案内所) 🏠静岡県富士市大淵1445 ¥🕐散策自由 🚃JR富士駅から富士急静岡バス曽比奈上行きで35分、曽比奈下車、徒歩20分 🅿29台(第一駐車場)
MAP 折込裏C5

▲ 散策の際は、茶畑に入らないように気をつけよう

富士宮

❷ 静岡県富士山
世界遺産センター
しずおかけんふじさんせかいいさんせんたー

登山気分を楽しみつつ富士山を学ぶ

富士山本宮浅間大社(☞P80)の南に平成29年(2017)に開館。らせん状のスロープを上って擬似登山を体験しながら、富士山の自然や文化について学ぶことができる。4K映像のシアターも併設。

☎0544-21-3776 🏠静岡県富士市宮町5-12 ¥入館一般300円 🕐9〜17時(7・8月は〜18時、最終入館は閉館30分前) 🈺第3火曜(祝日の場合は翌日)、施設点検日 🚃JR富士宮駅から徒歩8分 🅿なし
MAP 折込裏H6

▶ メロンパンの間にソフトアイスが入った溶岩アイスパン420円

▲ 静岡県産の富士檜を組み合わせた木格子で覆われた逆さ富士形の展示棟。前面の水盤に映り込むと富士山の姿が現れる

▲ スロープの壁面に、静岡県側の登山道からの風景などを収めた映像が映し出される。上るにつれ景色も変わるので、登山気分が味わえる

富士宮郊外

❸ DOI FARM
どい ふぁーむ

こだわりジェラートを味わう

飼育方法にこだわった牛の牛乳から作る自家製ジェラート(シングル400円)やミルクパン、ヨーグルトなどを販売している。

☎0544-58-7078 🏠静岡県富士宮市下条777-1 🕐10時30分〜17時 🈺火〜木曜 🚃JR富士宮駅から富士急静岡バス上条行きで35分、大門下下車、徒歩1分 🅿30台 MAP 折込裏B4

▲ 田園風景や富士山を望むスペースでひと休みできる

▶ 手作りジェラート(ミルクと抹茶のダブル)500円〜

高原の恵みがたっぷりの銘品を扱う道の駅

ゴールの「道の駅 朝霧高原」は、高原に映える、牛舎風の意匠が印象的な建物。牛乳やチーズ、ハムなどの畜産品をはじめ地元特産品が並び、みずみずしい野菜も販売しています。レストランでは、コロッケ定食900円など、朝霧高原産の「朝霧ヨーグル豚」を使用したメニューを豊富に提供。
☎0544-52-2230 **MAP** 折込裏G4

富士宮・富士市 ● ダイナミックな絶景ドライブ

朝霧高原

⑤ 田貫湖 たぬきこ

雄大な富士を望む神秘的な湖

周囲は約3.3km、水深約8mの湖。湖面に富士山が映る逆さ富士はもちろん、富士山頂から朝日が昇るダイヤモンド富士も人気。神秘的な光景を一目見ようと、例年多くの観光客が訪れる。

☎0544-27-5240（富士宮市観光協会）
🏠静岡県富士宮市佐折634-1 Ⓨ🅿🈺散策自由 🚃JR富士宮駅から富士急静岡バス白糸線で45分、休暇村富士下車すぐ
🅿240台 **MAP** 折込裏F5

▲山頂が光り輝くダイヤモンド富士を見られるのは、4月・8月の20日前後の約1週間

▲流れ落ちる水は本滝の一部を除き、すべて富士山の伏流水

朝霧高原

④ 白糸ノ滝 しらいとのたき

富士山の伏流水が流れ落ちる天下の名瀑

高さ約20m、幅約150mの湾曲した絶壁の全面から、富士山の雪解け水が流れ落ちる。水量は毎秒1.5tにもなり、流れる幾筋もの水はまるで絹糸のような美しさ。かつて富士講信者たちの巡礼や修行の場所であったことから、世界遺産の構成資産に含まれた。

▲お鬢（びん）水は、源頼朝がこの水でほつれた鬢を直したという伝説が残る。富士講の霊場の一つ

☎0544-27-5240（富士宮市観光協会）🏠静岡県富士宮市上井出 Ⓨ🅿🈺散策自由 🚃JR富士宮駅から富士急静岡バス白糸線で30分、白糸の滝観光案内所前下車、徒歩5分 🅿110台（有料）
MAP 折込裏G6

📖 白糸ノ滝駐車場の隣には、飲食店や売店が集まるエリアがあり、富士山の眺望を楽しみながら、休憩やみやげ探しができます。

全国浅間神社の総本宮と門前町をぶらりおさんぽ

富士山本宮浅間大社は、世界遺産・富士山の構成資産の一つです。
富士山の歴史に思いを馳せたら、グルメスポットも集まる門前町を歩きましょう。

家康が寄進した拝殿。境内には500本以上の桜が植えられ、県内屈指の桜の名所でもある

◀徳川家康が造営した楼門。左右の随神には慶長19年(1614)と記されている

富士宮
ふじさんほんぐうせんげんたいしゃ
富士山本宮浅間大社

山麓きってのパワースポット

全国の浅間神社の総本宮と讃えられる。富士山の大噴火を鎮めるため、紀元前27年に浅間大神を祭ったのが起源とされる。多くの戦国武将から崇敬を集め、本殿や楼門などを造営したのは徳川家康。ご神体は富士山そのもの。祭神は美貌と貞淑の誉れ高い女神「木花之佐久夜毘売命」。

☎0544-27-2002 🏠静岡県富士宮市宮町1-1 💰参拝無料 ⏰5〜20時(季節により変動あり) 🈂無休 🚉JR富士宮駅から徒歩10分 🅿150台 MAP折込裏H6

▶美守1000円(右)
▼絵馬500円(下)

▲富士山の伏流水が湧き出す湧玉池。水草がはっきり見えるほど透明度が高い

定期観光バス
「強力（ごうりき）
くん」

富士宮駅北口(2番のりば)発で土・日曜、祝日限定運行。世界遺産の構成資産3カ所をまわる午前ルートは1050円、構成資産のほか観光スポットなどを計6カ所まわる午後ルートは1550円。1日乗車券は2250円。
☎0544-26-8151(富士急静岡バス) MAP 折込裏I6

参拝の後はお宮横丁へ

浅間大社の門前にある屋台村。屋外に用意されたテーブルでご当地グルメを味わおう。
☎0544-25-2061(お宮横丁ぷくいち) 住静岡県富士宮市宮町4-23 時10～16時 休店舗により異なる 交JR富士宮駅から徒歩9分 P周辺駐車場利用 MAP 折込裏H6

ジェラート（ダブル）
430円
フレッシュなミルクと静岡抹茶のコンビが一番人気

じぇらーとぷくいち
ジェラートぷくいち
作り置きなしの新鮮なジェラートを提供。シングルは350円。
☎0544-25-2061(お宮横丁ぷくいち) 休無休

↑富士山本宮
浅間大社へ

名産品
売店
きたがわ

富士山
餃子工房
●

肉のすぎや
お宮横丁店
●

みくじもちほんぽ
御くじ餅本舗
紅白で縁起のいい「御くじ餅」が名物。夏は冷やししるこ450円も人気。
☎0544-66-6008(名産品売店きたがわ) 休無休

御くじ餅 6個800円
1箱に1枚おみくじ入り。運だめしにどうぞ！

ふじのみややきそば あんてなしょっぷ
富士宮やきそば アンテナショップ
富士宮やきそばを広めた団体が運営。
DATA ☞P92

むすびや
むすびや
富士宮やきそば550円のほか、おむすび2個260円やだんご2本250円などを販売。
☎0544-25-2144 休無休

天むす 2個380円
富士山の湧水で炊いたご飯とエビ天のおむすび

かんみどころ ぷくいち
甘味処ぷくいち
製餡所直営の和カフェ。おしるこ450円などの甘味のほか、あんみつなどが味わえる。
☎0544-25-2061(お宮横丁ぷくいち) 休無休

あんみつ 550円
自家製の餡や寒天に季節のフルーツがたっぷり

＼ ここにも立ち寄りたい！ 門前町のおすすめSPOT ／

じねんぼう
じねん坊
自分で焼くスタイルの鉄板焼店。富士宮やきそばや、お好み焼に焼きそばを加えた「しぐれ焼き」などを味わえる。
☎0544-26-2829 住静岡県富士宮市西町4-12 時11時～13時20分LO、17時～20時20分LO 休水曜、第3火曜 交JR富士宮駅から徒歩12分 P13台 MAP 折込裏H6

▲左がしぐれ焼き。右はご飯入りのあられ焼き各648円～

ふじたかさごしゅぞう
富士高砂酒造
天保元年(1830)創業。富士山の伏流水で仕込んだまろやかな味わいが特徴。
酒蔵見学は要予約・無料・所要45分。
DATA ☞P97 MAP 折込裏H5

▶山廃純米吟醸「高砂」720㎖1800円(左)。山廃本醸造に朝霧高原のヨーグルトをブレンドしたヨーグルト酒500㎖1400円(右)

ぶんぐのくらりへい
文具の蔵 Rihei
富士山文具を商う老舗。日常使いの文具はもちろん、富士山蒔絵ペンなどのオリジナル商品が充実。店裏の蔵も見学したい。
☎0544-27-2725 住静岡県富士宮市宮町8-29 時9時30分～18時30分 休水曜 交JR富士宮駅から徒歩11分 P8台 MAP 折込裏H6

▶富士山や富士山本宮浅間大社が蒔絵風に描かれた富士山蒔絵ペン1本3850円～

📖 お宮横丁には、富士山の伏流水が湧き出している井戸があり、自由に飲むことができます。

広〜い朝霧高原で
動物たちやお花とふれあいましょう

朝霧高原には動物や花に親しめるプログラムが充実したスポットが点在。
ふれあいや食などを通して、富士山麓の自然が身近に感じられます。

羊の放牧
羊が暮らす「羊の家」から、丘の上の斜面まで羊たちを連れていくイベント。道草する羊たちを上手に追いかけて誘導しよう。
¥無料 🕙10時〜（冬期11時〜）休雨天時

朝霧高原
まかいのぼくじょう
まかいの牧場

動物たちとの癒やしの時間

酪農が盛んな朝霧高原にある観光牧場。14haほどの敷地内では、羊や馬、ヤギなど、約10種の動物たちが暮らしている。バター作りなどの食に関する体験や、グランピングなど、体験メニューが充実している。

☎0544-54-0342 住静岡県富士宮市内野1327 ¥入場1200円（12〜3月は1000円）※入場券は当日限り有効 🕙9時30分〜17時30分（冬期は〜16時30分）休無休（12月1日〜3月20日は水・木曜定休、ほか休業の場合あり）交JR富士宮駅から富士急バス富士山駅行きで20分、まかいの牧場下車すぐ／富士急行河口湖駅から富士急バス新富士駅行きで1時間7分、まかいの牧場下車すぐ P500台 MAP折込裏F6

体験メニューはコチラ

牛の乳しぼり
乳搾りの手順、牛の生態についての解説がある。牛のぬくもりを感じる貴重な体験。
¥無料 🕙11時30分〜／13時30分〜の1日2回 休施設に準ずる

バター作り
バターが作られる工程も学ぼう。できたバターはクラッカーにつけて食べる。
¥500円 🕙HPで要確認（所要20分）休施設に準ずる

ソーセージ作り
材料の混ぜ合わせから腸詰まで、一連の作業を体験。ソーセージは持ち帰り可。
¥1600円 🕙HPで要確認（所要1時間40分）休施設に準ずる

グルメをチェック

▲「Ticco Ticco」のクレープ700円。牧場牛乳をたっぷり使用

▶まかいのソフトクリーム450円は濃厚な味わい

おみやげをチェック

▼牧場プリン1個340円。新鮮な牛乳と卵を使用した人気のスイーツ

▶自家製牛乳630円（900㎖）ほか。自然の甘みがある低温殺菌の"ノンホモ牛乳"

BBQもできるグランピング体験施設

まかいの牧場内にある「森のかくれ家」は、日帰りでグランピング体験が楽しめる施設。テントで焚き火を囲み、BBQを楽しめる日帰りプランを用意しています。また「富士山BBQ」コーナーでは、手ぶらでBBQが楽しめます。要予約。
☎0544-54-0342(まかいの牧場) **MAP** 折込裏F6

体験メニューはコチラ

ふじかちょうえん

富士花鳥園

個性的なアニマルSPOT

自園で改良した花を観賞でき、さまざまな種類の鳥とふれあえるテーマパーク。園内の各所ではフクロウが生活しており、間近で観察もできる。空調設備が整ったハウス内では、季節や天候に関係なく一年中花々の観賞が楽しめる。

☎0544-52-0880 **住**静岡県富士宮市根原480-1 **¥**入園1400円 **⏰**9〜17時(12〜3月は〜16時) **休**木曜 **交**JR富士宮駅から富士急バス富士山麓行きで37分、道の駅朝霧高原下車、徒歩10分／富士急行河口湖駅から富士急バス新富士駅行きで55分、道の駅朝霧高原下車、徒歩10分 **P**300台 **MAP** 折込裏G4

バードショー

ハウスの中でフクロウやタカなどのバードショーを開催。活発に動き回るフクロウに注目だ。ショー終了後には、写真撮影も可能。

ベゴニア富士山

入口を抜けると現れるフォトスポット。極大輪球根ベゴニアが整然と並ぶ圧巻の光景。

ロリキートランディング

カラフルなインコたちが飛び回り、人の腕・肩・頭にとまる。エサやり体験もできる。

フクシア

南米アンデスの名花。展示されている約200種のなかから好みの形や色を探そう。

ケープペンギン

エサやり体験では、小魚を求めて、元気に動くペンギンたちに癒やされる。

おみやげをチェック

▶フクロウの形をしたショコラクランチものしり福来郎648円

◀売店では鳥グッズを販売。ワシミミズクのぬいぐるみ1650円

一日中遊べる高原リゾート・御殿場高原 時之栖へ

約9万8000坪の敷地に多彩な施設が揃う一大リゾート。
温泉施設でのんびり過ごしたり、水族館で遊んだりなど、楽しみ方はいろいろです。

御殿場

ごてんばこうげん ときのすみか
御殿場高原 時之栖

遊んで、食べて、温泉に癒やされる

レストランや温泉、水族館のほか各種アクティビティが揃い、さまざまな過ごし方で楽しめるリゾート施設。噴水レーザーショーなどのイルミネーションも催され、人気が高い。施設内には7カ所の宿泊施設もあり、一日かけてゆったりと遊べる。

☎0550-87-3700（9～20時）🏠静岡県御殿場市神山719 💴施設により異なる 🚌JR御殿場駅から無料送迎バスで20分 🅿2000台 🗺折込裏E5

▲園内には、さまざまな施設があり、一日中過ごせる

温泉施設はコチラ

げんせん ちゃめゆどの
源泉 茶目湯殿

築200年の町家を移築した趣ある施設内には、富士山を見られる「天空の湯」や、緑に囲まれた露天風呂などがある。18歳未満は入館不可。

☎0550-87-6426 💴2000円（土・日曜、祝日は2500円）🕙10～20時最終受付 ⏰不定休

▲見晴らしのよい展望フィンランド風サウナ

てんねんおんせん きらくぼう
天然温泉 気楽坊

多種多様な風呂が備わる温泉施設。大浴場には、広々とした内風呂のほか、高温サウナや炭酸泉などもあり、種類が豊富。無料休憩所も完備。

☎0550-87-5126 💴平日1日券（10時30分～24時）1540円、立ち寄り湯（60分）814円、夜間券（18～24時）1320円 🕙10時30分～23時最終受付 ⏰無休

▲露天風呂からは富士山頂が見える

◀温泉に「死海」の塩を溶かした死海の塩風呂

女湯

男湯

▲富士山の裾野からてっぺんまで見られる「天空の湯」が自慢

富士山麓で
暮らしているような
体験ができる
コテージにも注目

「山羊の丘コテージ」は、富士山の麓で暮らすようにくつろげる、木のぬくもりに包まれた一戸建てのコテージ。宿泊者は天然温泉気楽坊を無料で利用できます(利用時間は要問合せ)。1棟素泊まり5万円〜(定員6名)。
☎0550-87-3700(御殿場高原 時之栖)

イルミネーション

うぇるさいゆのひかり
ヴェルサイユの光

高さ150mに達する噴水とカラフルなイルミネーションが織りなす噴水レーザーショー。複雑で繊細な動きを見せる水と華やかな光が幻想的。1回の上演は約10分。
☎090-9901-7309(王宮の丘)
¥入場1200円(季節により変動あり)🕐17〜22時(季節により変動あり)休無休(要問合せ)

▶光と水がさまざまに色や形を変える

ときのすみかいるみねーしょん
時之栖イルミネーション

冬期限定で光のトンネルや、高さ20mのイルミネーションツリーなどが登場。テーマや内容は毎年変わる。
☎0550-87-3700(御殿場高原 時之栖)¥入場無料(一部有料エリアあり)🕐10月上旬〜3月中旬17時〜21時30分(季節により変動あり)休期間中無休

▲施設内各所がライトアップされる

グルメスポットを CHECK

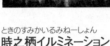

▶多彩なメニュー(時期により異なる)とともに香り豊かな地ビールを

ごてんばこうげんびーるぐらんてーぶる
御殿場高原ビール グランテーブル

平成7年(1995)に地ビール造りをはじめ、現在では日本最大級の地ビール醸造量を誇るブルワリーが営むレストラン。季節限定銘柄を含む地ビール6種とナポリピザなどが味わえる。
☎0550-87-5500🕐11〜14時LO、17時30分〜20時30分LO、土・日曜11時〜20時30分LO(要問合せ)※時期により異なる 休無休

幻想的な金魚水族館

すいちゅうらくえんあくありうむ
水中楽園AQUARIUM

200種類ほどの金魚約4500匹が展示される日本最大級の金魚水族館。なかには天然記念物の金魚も。金魚すくいや金魚型陶器への色付けの体験コーナーもある。
☎0550-87-5016(時之栖美術館)¥入館1100円🕐10〜19時(最終入館18時40分)、時期により異なる 休無休

▲金魚展示場。光やジオラマを利用した多彩な演出に注目したい

▲金魚のほかクラゲなども展示される

富士山を望む客室に宿泊!

ほてるときのすみか
ホテル時之栖

地ビール醸造施設やレストランなどがある御殿場高原リゾートのホテル。宿泊者は「天然温泉気楽坊」(☞P84)を無料で利用できる。
☎0550-87-3700(9〜20時/宿泊予約センター)¥1泊2食付:平日1万4800円〜、休前日1万6800円〜🕐IN15時/OUT11時 室66室

▲客室は洋室と7名まで宿泊可の和室、和洋室がある(左)。一部を除く客室からは、宝永火口を抱く富士山を望む(右)

富士サファリパークで
大迫力の動物たちに感激

総面積74万㎡の広大な敷地で、多様な動物に出合える日本最大級のサファリパーク。
のびのびとした姿を見たり、間近に迫ってきた姿に圧倒されたり、楽しみはいろいろです。

ふじさふぁりぱーく
富士サファリパーク

目の前に出現する動物に大興奮

富士山麓に広がるパーク内に、約60種、約900頭の動物たちが暮らす。放し飼いにされた猛獣や草原の動物たちを至近距離で楽しめるサファリゾーンと、珍獣から癒やし系まで、さまざまな動物を間近で観察したり、エサをあげたりできるふれあいゾーンの2エリアで構成。

☎ 055-998-1311 🏠 静岡県裾野市須山藤原2255-27 🈯入園3200円(ジャングルバスや体験ツアーは別途) 🕘9時〜16時30分(季節により異なる) 🈚無休 🚃JR御殿場駅から富士急バス十里木またはぐりんぱ行きで35分、富士サファリパーク下車すぐ 🅿1400台 MAP 折込裏D4

パークを楽しむためのポイント

ジャングルバスの予約
午前中に完売することもあるので、朝イチで訪れたら、まずはバスのチケット売り場へ。

イベント時間のチェック
イベントの開催日や時間は時期により変わるので、事前情報をもとに現地でも要チェック。

サファリゾーンは朝夕が狙い目
肉食動物は日中が休息時間。活発に行動する動物を見るなら朝か夕方がベスト。

こんな動物たちに出合えます!

サファリゾーン
7つのエリアがあり、25種ほどの動物を観察できる。一周約50分のコースをマイカーまたはジャングルバスで巡る。

キリン
陸上では最も背の高い野生動物で、4〜5mを超えることも。長さ40㎝ほどの舌で巻き取るように樹木の葉を食べる

シマウマ
たてがみまでくっきりとした白黒の縞模様が特徴。でも地肌の色は黒い

アジアゾウ
東南アジアの森林に生息する。小さめの耳が特徴で、群れで生活している

マイカー以外のサファリゾーンのまわり方

ジャングルバス
動物をモチーフにし、窓ガラスのない金網張りのバス。ドライバーによる解説もある。
🈯料金 乗車1500円 🕘時間 平日30分間隔(土・日曜、祝日は10分間隔)。所要50分

スーパージャングルバス
天井部分も金網張りのバス。頭上からもまる動物たちをより身近に感じられる。
🈯料金 乗車2100円
🕘時間 HPで要確認。所要60分

ナビゲーションカー
特別仕様の4WDの車。車内にあるタブレット端末で動物の解説が聞ける。
🈯料金 1台6500円 🕘時間 平日30分間隔(土・日曜、祝日は10〜15分間隔)。所要60分

ウォーキングサファリ
サファリゾーン外側の約2.5kmのコースを歩いて一周する。
🈯料金 600円 🕘時間 時期により異なる、所要90〜120分 ※冬期は実施なし

ライオン
オスもメスも体長は2mを超える。木の上で眠る姿は愛嬌たっぷり

公式HPで
イベント情報を
事前にチェックして
出かけましょう

通年開催のものから期間限定のものまで、多彩なイベントを実施しています。小型のウマ・アメリカンミニチュアホースによる競馬「サファリダービー」は、ミニチュア牧場で開催。1着のウマを当てると、オリジナルグッズがプレゼントされます。

グルメをCHECK

▲ オムライス1050円

サファリレストラン

パーク内にある飲食店のうち一番広いレストラン。セルフ方式でカジュアルな雰囲気。キッズメニューもある。

▲ 富士山カレー1200円

おみやげをCHECK

◀ライオンカステラ12個入り500円。ショップ前のワゴンで販売（営業日限定）

▲「BABYライオンバター＆チョコクッキー」1350円

◀双眼鏡「アニマル探検隊」1個1050円は必須アイテム

サファリショップ

オリジナルグッズをはじめ、雑貨から菓子まで幅広いアイテムを販売している。

ふれあいゾーン

徒歩でまわれるゾーン。カピバラやカンガルー、カバなどの動物たちを間近でじっくりと観察できる。

アカカンガルー

最も大きいカンガルーの種類で、幅8〜9m、高さ3mほどの跳躍力をもつ。オス同士は尾と後ろ足で立ち上がって争うことも

カピバラ

愛らしいフォルムと穏やかな性格に癒やされる人が続出。水浴びが大好き

ミーアキャット

後ろ足と尾で立ち上がり、キョロキョロと見回す姿が愛らしい

カバ

ずんぐりとした体つきだが、150度まで開く巨大な口と立派な歯をもつ

○━━━ウォーキングサファリコース

タイガー・ケイプ／キリンテラス／アムールトラ／ライオン・ロック／ライオン・チーターテラス／一般草食ゾーン／ベア・ウッド／チーターゾーン／シマウマ／ヒグマ／アジアゾウ／山岳草食ゾーン／サファリゾーン／ふれあい体験館／フロンティア／ウォーキングサファリコース出口／ミニチュア牧場／ポニー／サファリゾーン出口／ミーアキャット／ふれあい牧場／ワラビー／カピバラ／サファリゾーン入口／アカカンガルー／レッサーパンダ／サファリレストラン／ネコの館／ウサギの館／ヒョウ／サファリショップ／カバ／ウォーキングサファリ受付・コース入口／園内バス／ふれあいゾーン／どうぶつ村／料金所／案内所（ジャングルバス発券）／イヌの館／リスザル／入園口／出口

📖 カバやヒョウなどには普段エサをあげることができませんが、エサあげ体験のできるイベントが開催されます（開催日時、組数限定）。

御殿場プレミアム・アウトレット内のホテル＆温泉で癒やされましょう

広大なアウトレットセンターには、数多くのショップ以外にもお楽しみが盛りだくさん。お買い物の後にリラックスできる、温泉＆ホテルをご紹介します。

御殿場
ごてんばぷれみあむ・あうとれっと
御殿場プレミアム・アウトレット

憧れのブランドのアイテムをお得にゲットしよう!

「HILL SIDE」「WEST ZONE」「EAST ZONE」の3エリアからなるショッピングゾーンに、約290店舗が出店する日本最大のアウトレットモール。敷地内にはホテルと日帰り温泉も備わっている。

☎0550-81-3122 🏠静岡県御殿場市深沢1312 🕙10〜20時(12〜2月は〜19時。季節により変動あり) 🈳年1回(2月第3木曜) 🚃JR御殿場駅から無料シャトルバスで15分 🅿約7000台 MAP 折込裏I3
※最新情報は公式HPで要確認

▲ひな壇状の傾斜地に店舗が並び、富士山ビューを意識して設計。エリア内の各所にビュースポットがある

各ショッピングエリアをチェックしましょう!

ひる さいど
HILL SIDE
アウトレット初のブランドがズラリ

ひな壇状の傾斜地に、物販72店、飲食16店が並ぶ。有名な人気レストランやご当地グルメ、県産食材を味わえる店などが豊富に揃う。

▶御殿場店限定富士プレミアム茶/御殿場ブレンドオリジナル茶缶50g1836円

さん ぐらむ ぐりーん てぃー
San Grams Green Tea

静岡の製茶問屋が営むティースタンド。お茶の生産地から厳選し、新しいアレンジティードリンクを提供している。
☎0550-78-6440

らでゅれ
LADURÉE

1862年にパリで創業、サロン・ド・テの歴史をつくり上げた老舗メゾン。
☎0550-88-8207

◀「ショッピングタイム」はここだけの限定!3532円

いーすと ぞーん
EAST ZONE
アウトドアブランドが豊富

スポーツ＆アウトドアブランドが集まるエリアが新たに登場。高級ブランド店も並び、家族で買い物を楽しめる。

ちゃむす
CHUMS

機能性、デザイン性の高さを兼ね備えたカジュアルアウトドアブランド。
☎0550-88-8755

▲シンプルなロゴ入りTシャツはカラーバリエ豊富

うえすと ぞーん
WEST ZONE
有名ブランドが多数揃う

憧れのラグジュアリーブランドが充実。ファッション小物やアクセサリー、生活雑貨など幅広い店がラインナップ。

ふらんふらん
Francfranc

毎日の生活を彩るインテリア雑貨やキッチン用品などを販売。
☎03-4216-4021

▶飲み物の温度を長時間キープできるサーモボトル。ホット、アイスともに対応

◀落ち着いた色合いの花柄プリーツスカートは大人の女性におすすめ

ちゃおぱにっく
Ciaopanic

トレンドを取り入れたメンズ＆レディスのカジュアルウェアのショップ。
☎0550-70-1618

かしら
CA4LA

オリジナルブランドを中心に、世界中からセレクトした帽子を扱う。
☎0550-81-6006

▶トレンドカラーを取り入れたハット。コーディネートの主役にも

※商品はイメージです。アウトレットのため売り切れの場合があります

富士山が見える
レストランで
食事をするのも
おすすめ

Hill SideエリアにあるITADAKI TERRACE」は、6つの飲食店が出店するフードホールです。約400席を用意し、エリア内で最も高い位置にあり店内やテラス席から富士山を眺めながら食事できます。

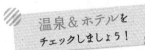

温泉＆ホテルをチェックしましょう！

このはなのゆ
木の花の湯

湯船の中から富士山を一望

自家源泉の湯を引く日帰り温泉施設。富士山を眺めながら浸かる大露天風呂のほか、19室の貸切個室露天風呂（¥1時間4500円〜）、リラクゼーション施設なども完備する。

☎0550-81-0330（自動音声ダイヤル）住静岡県御殿場市深沢2839-1 ¥入浴1600円（土・日曜、祝日、繁忙期は1900円）⏰10時30分〜22時（最終受付21時）休不定休（メンテナンスのため2・9月に休館日あり）交御殿場プレミアム・アウトレットと同じ P320台（HOTEL CLAD兼用）MAP折込裏I3

❶富士山を望む露天風呂。手前には幅約10mの展望風呂と深さ約130cmの立湯を備える ❷貸切風呂は1・3階に備え、檜、壺、切石、岩の4タイプの風呂がある ❸約2500冊のコミックや書籍が揃う「休息房」でひと休み ❹「木の花カフェ」の木の花ビール900円（左）、静岡クラフトチューハイ 三ケ日みかん600円（右）

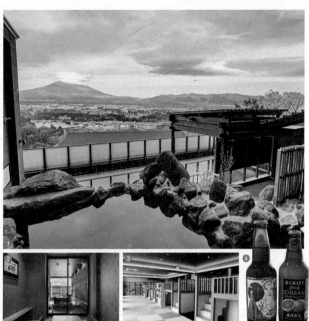

❶ロビーの奥は富士山を眺められるラウンジ ❷併設の「木の花の湯」のレストラン「ダイニング花衣」の夕食（イメージ）❸富士山側に位置する富士ビュ ーツイン ❹アパレルブランドとコラボしたコンセプトルームを3室用意。写真はブルックリンルーム ❺コンセプトルームの一つのファッションルーム

ほてる くらっど
HOTEL CLAD

富士山を望む和モダンなホテル

「HILL SIDE」の上部に立ち、半数以上の客室から富士山を望む。滞在中は隣接する「木の花の湯」の入浴が無料（貸切個室露天風呂などは有料）。食事は「ダイニング花衣」を利用できる。

☎0550-81-0321（受付10〜19時）住静岡県御殿場市深沢2839-1 ¥1泊朝食付1万2700円〜⏰IN15時／OUT10時 休不定休（メンテナンスのため2・9月に休館日あり）交御殿場プレミアム・アウトレットと同じ P320台（木の花の湯兼用）客182室 MAP折込裏I3

源泉かけ流し　ルームサービス　エステあり　禁煙ルームあり　大浴場あり　ひとり宿泊OK

道の駅やフードテーマパークで
富士の食を堪能しちゃいましょう

静岡名物や朝霧高原で育まれた牛乳・卵を使ったグルメにおみやげ、
その生産過程を体験できるメニュー…五感で富士の食が満喫できるスポットをご紹介。

富士市

みちのえき ふじ
道の駅 富士

駿河の恵みを味わい
富士山を眺める!

特徴的な三角屋根が目印の、国道1号線沿いにある道の駅。展望テラスでは富士山の絶景を眺めながら休憩ができる。新鮮な農作物やおみやげが揃う「ルートONE」、地元の食材と手作りにこだわった「おふくろ食堂」や「IDEBOK」の濃厚なソフトクリームなどが楽しめる。

☎0545-63-2001 🏠静岡県富士市五貫島669-1 🕐9〜20時(店舗により異なる) 無休 🚉JR富士駅から車で10分 Ｐ市道側17台、上り54台、下り35台 **MAP**折込裏B5

▲国道1号を挟んだ上り・下りエリアを地下通路がつなぐ

おみやげならコチラ

地酒・地ビール各種 287円〜
富士山にちなんだ地酒を数多く取り揃える。おみやげや自分へのごほうびにも人気。
●(上り線)おみやげルートONE
☎0545-63-2001(道の駅 富士)🕐9〜17時 無休

名物グルメをチェック!

桜えびひつまぶし定食 1080円
サックサクに揚げられた桜えびが華のように散らされ、その下にはたっぷりのかつお節が隠れている。「朝霧卵」の温玉や、カツオだしなどをかけて味わう。
●(上り線)おふくろ食堂
☎0545-30-6750 🕐10〜20時 休無休

牧場のソフトクリーム 460円
3種類の牛乳がブレンドされた、お店の看板メニュー。濃厚ミルクのソフトクリームが、五感に染み渡る。
●(上り線)IDEBOK
☎0545-63-2001(道の駅 富士)🕐10時〜16時30分 休無休

アフォガード 680円
ほろ苦いキャラメルソースと、食感と風味の楽しいパンプキンシードがソフトクリームの上にかかっている。
●(上り線)IDEBOK

由比漁港のり弁 820円
魚のフライ、有明の黒海苔、そして削りたてのかつお節が絶妙に合う。
●(上り線)おふくろ食堂

富士雪山とろろざるそば 920円
富士山状に盛られたボリューム満点のそばは、とろろとの相性も抜群。
●(下り線)海老そば屋
☎0545-65-1616 🕐10〜20時 休無休
●(上り線)おふくろ食堂

年間で
300万人以上
訪れる
富士市の道の駅

「道の駅 富士川楽座」は、東名高速道路の EXPASA富士川に併設しており県道10号からもアクセス可能。グルメ、ショッピングはもちろん、プラネタリウムやギャラリー、科学館などの施設も充実していることで、人気を集めています。
☎0545-81-5555　MAP 折込裏B5

体験メニューをチェック！

【朝霧高原】
あさぎりふーどぱーく
あさぎりフードパーク

朝霧高原でグルメ作り体験にトライ

地元の食材を使った乳製品やスイーツなど6つの工房が集まる「食のテーマパーク」。各工房ではそれぞれ作りたての味が楽しめるほか、バターや芋けんぴ作り、クッキー作りやお茶のブレンドなど体験メニュー（要予約）が充実している。

☎0544-29-5101　住静岡県富士宮市根原449-11　¥入場無料（体験メニューは別途、要予約）　⏰9時30分〜16時30分　不定休（12〜2月は木曜）　JR富士宮駅から富士急バス富士山駅行きで37分、道の駅朝霧高原下車すぐ　P70台　MAP 折込裏G4

▶道の駅 朝霧高原に隣接する約5万㎡の広大なテーマパーク

バター作り体験

バターの製造工場でバター作りに挑戦。無添加の生クリームをひたすら振れば自家製バターができあがる。
●牛乳工房朝霧乳業
☎0544-52-0333　¥500円（要予約、空いていれば当日申込み可）　⏰随時受付（所要約20分）

▲あさぎりバタークッキー10枚入り1296円。工房で手作りされたバターの風味が生きている

▲あさぎり牛乳180㎖180円。朝霧高原の生乳100%。夏はサラッと、冬は濃厚な味わいになる

▲生クリームが入った容器を根気よく振ろう
▶作りたてのバターをパンにのせて食べられる

◀完成品は約8袋分。持ち帰りOK
▼細切りの芋を2度揚げして蜜に絡める

▲2種類のプレーン生地とココア生地で作る

クッキーづくり体験

用意された生地を薄くのばすところからスタート。さまざまな型抜きで好きな形を作ろう。
●菓子工房 上野製菓
☎0544-52-2115　¥1人1000円（1週間前までに要予約）　⏰10〜15時で随時（所要約90分）

▲精進川羊羹1本800円。富士山の湧水を加えて、丁寧に練り上げた本練り羊羹

▲高原プリン100g300円。あさぎり牛乳と富士山の伏流水で育った鶏の卵で作られた

芋けんぴ作り体験

サツマイモ3kgを専用カッターで細切りにして、米油で揚げてから専用ドラムで蜜と絡める。
●芋工房 かくたに
☎0544-52-0102　¥1グループ5000円（1週間前までに要予約）　⏰10時〜、14時〜（所要約2時間）

◀スイートポテト2個378円。富士宮産の紅はるかと、朝霧高原産の牛乳と卵で仕上げている

▶手作り芋けんぴ100g486円。戸田の塩味や伊豆のわさび味を用意

静岡のお茶で休憩

お茶とお菓子のセット 700円〜

富士山系の地下水で淹れたお茶とお菓子（日替わり）。富士山の山霧に包まれて育った個性豊かな茶葉は、販売も行っている。
●お茶工房 富士園
☎0544-52-0988　⏰9時30分〜16時30分　木曜

あさぎりフードパークの「ビュッフェレストラン ふじさん」（☞P95）では、地元でとれた食材をふんだんに使った料理が味わえます。

静岡県のソウルフード・富士宮やきそばを食べ比べ

戦後間もないころから富士宮市で食べられていたご当地焼きそばが、まちおこしで全国区の人気グルメへ。各店のこだわりを見て、食べて、楽しみましょう。

具材
定番具材はラードを搾った後に残る肉かす、キャベツなど。仕上げにイワシなどのだし粉をかける

麺
コシのある蒸し麺。市内の製麺所（マルモ食品、叶屋、曽我めん、さのめん）で作られている

富士宮やきそば
550円
定番の鈴勝特製ソースを使った、甘辛い味わいのスタンダードな一皿

お宮横丁
ふじのみややきそば あんてなしょっぷ

富士宮やきそば アンテナショップ

もちもちの王道・富士宮やきそばを代表するお店

基本のレシピに忠実な富士宮やきそばを提供。具材は肉かすとキャベツ、ネギ、イワシの削り粉のみで、うま味を最大限に引き出す焼き手の技が光る。

☎0544-22-5341 🏠静岡県富士宮市宮町4-23お宮横丁内 🕐10～17時（16時30分LO） 休無休 🚃JR富士宮駅から徒歩8分 Pなし MAP折込裏H6

▲富士宮やきそばのシンボルカラー、オレンジ色ののれんが目印

ソース
数種類のソースをブレンド。甘口ソースや辛口ソースなど、各店独自にブレンドした味を誇る

富士宮郊外
うるおいてい ほんてん

うるおいてい 本店

とろ～り半熟卵と麺の絶品コラボ♪

国産小麦だけを使った特注の麺と、自家製のブレンドソースで作る、こだわりの焼きそばが人気の店。熟練スタッフが丁寧に焼いてくれる。

☎0544-24-7155 🏠静岡県富士宮市淀師415-2 🕐11時30分～13時30分LO、16時30分～18時30分LO（土・日曜、祝日11～18時LO） 休月曜、第3火曜（祝日の場合は翌日） 🚃JR西富士宮駅から徒歩20分／JR富士急静岡バス上条行きで13分、四中北入口下車、徒歩5分 P15台 MAP折込裏B4

うるおい焼きそば
940円
地粉を使用した麺に豚肉、エビ、イカなどが入る。お好みでにんにく風味のからし味噌をつけて

◀家庭でも楽しめるANCAMコラボやきそばセット2400円（5食入り）も販売

味の決め手は
オリーブオイル。
カフェめしの
富士宮やきそば

「Café Page」は、築100年以上の古民家を改装したカフェ。おしゃれな器で出される「ペイジ特製富士宮やきそば」1100円は、オリーブオイルで炒めるのがポイント。自家製パンと有機野菜のサラダが付きます。
☎0544-25-0242 **MAP** 折込裏H6

富士山本宮浅間大社周辺
ひまわり
ひまわり

モチッとした太めの麺が好評

鉄板に油を引かず焼き上げる、あっさり味の焼きそばが評判。洋食感覚のナポリそばや、とんぺい焼き各650円など、多彩な鉄板メニューがある。

☎0544-26-3279 住静岡県富士宮市若の宮町32 ⏰11～21時 休火曜 交JR富士宮駅から徒歩10分 Ｐ4台 **MAP** 折込裏I5

富士宮やきそばミックス
650円
油分控えめの焼きそばに定番のワサビ印ソースが、さわやかな味わい

▲ 焼きそばなどは持ち帰りもできる

鉄人やきそば
（イカ・肉入り）
700円
「富士宮やきそば鉄人グランプリ」を受賞した一品。油控えめで、焼きそば本来の味を楽しめる

富士宮駅周辺
さのしょくどう
さの食堂

富士宮やきそば **500円**
もちもちの麺に自家製肉かすのサクサク食感がたまらない。ご飯、味噌汁などが付く定食は800円

ラーメンスープが隠し味

創業60余年。創業以来変わらぬレシピで作る焼きそばには、もっちり麺とたっぷりの野菜、ラーメンスープを使用し、中華鍋で炒める。ラーメン500円～や、定食800円～も評判。

☎0544-26-5869 住静岡県富士宮市大宮町21-1 ⏰11時30分～14時30分LO(土・日曜、祝日は～15時30分LO) 休水・木曜 交JR富士宮駅から徒歩7分 Ｐ7台 **MAP** 折込裏H6

▲ 大きな交差点に立つアットホームな食堂

富士宮駅周辺
にじやみみ
虹屋ミミ

富士宮やきそばの唯一無二の味

特注の麺と相性バツグンのオリジナルソースを使用した、こだわりの焼きそばが評判。ラードは使わず、キャベツの水分で蒸し焼きにするため、あっさり。

☎0544-24-0791 住静岡県富士宮市中央町3-9 ⏰11～19時(麺がなくなり次第終了) 休火曜(祝日の場合は営業) 交JR富士宮駅から徒歩3分 Ｐ2台 **MAP** 折込裏I6

▲ 全8席でこぢんまりとしている

📖 富士宮やきそばは、独特のコシのある麺や炒め油にラードを使うなど10の調理方法が「富士宮やきそば学会」により定められています。

豊かな土壌や澄んだ水がポイント
富士山麓の恵みをいただきます

富士山の周辺で育まれた素材のよさを生かした料理をご紹介。
栄養満点の新鮮野菜を使い、彩りも豊かです。

✛
野菜たっぷり焼きカレー
1518円
約9種類の野菜がのった欧風カレー。自慢のルーは果物やスパイスにこだわり、3日かけて仕込む

▲店内の壁は黒板になっており、スタッフのメッセージや耳より情報が書かれている

富士市
きち と なる きっちん ふじたかねてん
KICHI TO NARU KITCHEN 富士高嶺店

地元の人気店による
野菜たっぷりの名物カレー

有機野菜や地元食材を使った料理と、幅広い世代で楽しめる活気ある空間が魅力。名物の野菜たっぷり焼きカレーやローストビーフの焼きカレー1518円のほか、夜は野菜を生かした一品料理が味わえる。

☎0545-57-0111 🏠静岡県富士市高嶺町11-9 🕐11〜14時、17時〜22時15分LO 🈁月曜（祝日の場合は営業）🚃JR富士駅から富士急静岡バス吉原中央駅行きで13分、富士市役所前下車、徒歩10分 🅿30台 MAP 折込裏I8

◀契約農家などから仕入れる、カボチャやブロッコリー、ニンジンなどの食材

こちらもチェック 眺望も見事な御殿場の素敵カフェへ

御殿場
とらやこうぼう
とらや工房

竹林の先に広がる空間で上質和菓子を

東山旧岸邸（☞P101）に隣接する和カフェ。「和菓子屋の原点を今の時代に再現」をコンセプトに、季節ごとに異なる素朴な味わいの和菓子を提供する。

☎0550-81-2233 🏠静岡県御殿場市東山1022-1 🕐10時〜17時30分LO(10〜3月は〜16時30分LO) 🈁火曜（祝日の場合は翌日）🚃JR御殿場駅から箱根登山バス御殿場プレミアムアウトレット行きで6分、東山旧岸邸前下車すぐ 🅿100台 MAP 折込裏I4

▲御殿場産のさくら玉子を使った、どら焼き630円(煎茶付き)

▲アプローチの竹林、カフェの大きな窓から見える庭は、散策もできる

御殿場の
名物そばは
鶏でだしをとった
素朴な味

御殿場の祝い事の席で古くから供されてきた「御殿場みくりやそば」。つなぎに水を使わず、山芋か自然薯を使い、のど越しのよい仕上がりが特徴です。「駿河流手打そば 金太郎」では、御殿場鶏をトッピングした御殿場鶏そば900円が人気。
☎0550-83-6608 **MAP** 折込裏H4

朝霧高原

びゅっふぇれすとらん ふじさん
ビュッフェレストラン ふじさん

富士山を見ながらビュッフェランチ

あさぎりフードパーク（☞P91）内にあるビュッフェレストラン。富士宮の契約農家から新鮮な野菜や肉、乳製品を直接仕入れ、季節ごとに約35種類の和・洋・中のメニューを用意している。

☎0544-29-5501 住静岡県富士宮市根原449-10あさぎりワードパーク内 ⏱10時30分〜14時30分LO（ランチ11時〜）休不定休 交JR富士宮駅から富士急富士山駅行きで37分、道の駅朝霧高原下車すぐ P70台 **MAP** 折込裏G4

▶大きな窓から富士山を望むロケーションも魅力だ

┼
ビュッフェ（70分制）2100円
素材本来の味を感じてもらいたいという思いから、どの料理もシンプルな味付けに。+800円で朝霧ヨーグル豚のステーキが1皿付く

御殿場

ふじみ かふぇ
FUJIMI CAFE

富士山を眺めながら地産グルメを満喫

隣の神奈川県箱根町との境にある乙女峠に位置するカフェ。迫力満点の富士山を正面に望み、県内産の食材も使った軽食やスイーツが楽しめる。

☎0550-82-3279 住静岡県御殿場市深沢1816 ⏱10時30分〜16時30分（16時LO）、フード11〜15時LO 休木曜 交JR御殿場駅から小田急ハイウェイバス箱根桃源台行きで15分、乙女峠下車すぐ P24台 **MAP** 折込裏E4

▲THE FUJIMI BURGER 焦がしチーズ&トマト1870円。県内産の牛肉と野菜をふんだんに使用

▲ペットを連れてお茶ができるテラス席か、木のぬくもりを感じる店内席かを選べる

富士宮・富士市

話題の「富士のほうじ茶」を
いろんなグルメで楽しみましょう

「ほうじ茶の香りがするまちづくり」を進めている富士市。
飲食店などで開発されている、ほうじ茶を使ったグルメメニューをご紹介します。

A 富士市郊外
ぷち らぱん
Petit Lapin

☎0545-57-0070 🏠静岡県富士市伝法2308-35 🕙10〜19時 🈳水曜、第3火曜 🚃JR富士駅から富士急静岡バス茶の木平方面行きで23分、西国久保下車、徒歩5分 🅿5台 MAP 折込裏I7

B 吉原中央駅バス停周辺
かしどころ たかぎ
菓子処 たかぎ

☎0545-75-1125 🏠静岡県富士市中央町1-2-12ドムス富士101 🕙9〜18時 🈳水曜 🚃JR富士駅から富士急静岡バス吉原中央駅方面行きで23分、吉原中央駅下車、徒歩3分 🅿2台 MAP 折込裏I7

C 新富士駅周辺
いでぼく みちのえきふじ
IDEBOK 道の駅富士

☎0545-63-2001 🏠静岡県富士市五貫島669-1道の駅富士上り内 🕙10時〜16時30分 🈳無休 🚃JR富士駅から車で10分 🅿上り46台、下り20台、市道側17台 MAP 折込裏B5

D 富士駅周辺
うぇっきあ・らんてるな
ヴェッキア・ランテルナ

☎0545-65-0022 🏠静岡県富士市水戸島344-4 🕙11時30分〜15時、17時30分〜21時30分(土・日曜は〜22時) 🈳月曜(祝日の場合は翌日) 🚃JR富士駅から徒歩13分 🅿16台 MAP 折込裏H8

E 富士市郊外
りとる ふぁーむ まかどかふぇ
Little Farm まかどカフェ

☎0545-78-1647 🏠静岡県富士市間門35-1 🕙10〜16時 🈳水・日曜のみ営業 🚃JR富士駅から車で20分 🅿5台 MAP 折込裏C5

A ほ茶ろん
1個200円
ほうじ茶とアーモンドの相乗効果で香りが際立つマカロン

A 富士のほうじ茶プリン
370円
とろけるようになめらかなプリン。口の中でほうじ茶の香りがやさしく広がる

富士の
ほうじ茶って何？
茶業活性化の新たな切り口として、2020年度から富士市がブランド化に取り組んでいる。全国的にも珍しく、静岡県では初となるほうじ茶のブランド化を推進し、"ほうじ茶の香りがするまち"を目指している。

スイーツ

C ほうじ茶みるくゼリーソフト
570円
富士宮市に牧場をもつ「いでぼく」が作る濃厚ソフトとほうじ茶ゼリーがコラボ

B いろは (ほうじ茶どら焼き)
1個200円
お店自慢のどら焼き。ほうじ茶を加えた餡は、白インゲン豆がアクセントになっている

D ほうじ茶ティラミス 550円
スポンジにはほうじ茶シロップを染み込ませ、クリームにはほうじ茶リキュールを加えている

E ほうじ茶メレンゲクッキー
1袋300円
メレンゲにほうじ茶パウダーを加えて焼き上げている。コーヒーや紅茶にも合う

プレミアムな ほうじ茶「凜茶」も見逃せません

JA富士市茶レンジャーほうじ茶部会の4軒の茶農家を中心に開発された「凜茶（りんちゃ）」。一番茶の茎だけを丁寧に選別し、特殊な機械で焙煎した、浅煎りほうじ茶と深入りほうじ茶を黄金比率でブレンドしています。茶葉55g1296円（写真上）、水出し専用ティーバッグ4g×5パック入り各864円（写真下）。右記の2店舗でも購入できます。

近藤薬局 DRUGSコンドウ
新富士店
☎0545-30-8000
MAP 折込裏I8
道の駅 富士川楽座
☎0545-81-5555
MAP 折込裏B5

ドリンク

F
高砂 ほうじ茶スピリッツ
500㎖1600円
凜茶の香りと味わい、山廃仕込みの本醸造酒がアクセント。ロックや炭酸割りがおすすめ

G
ほうじチャイ 520円
煮出したほうじ茶をベースにしたミルクティー。仕上げにほうじ茶パウダーを混ぜた三温糖をトッピング

ガパオ風 混ぜごはんの素 富士のほうじ茶仕立て
702円
『るるぶ』のプライベート商品。お茶碗1杯のごはんにガパオの素を混ぜ、ほうじ茶パウダーを振りかけて完成！ 簡単なのに本格的な味わい。
購入場所 道の駅 富士（☞P90）、道の駅 富士川楽座（☞P91）

フード

H
富士のほうじ茶そば 680円
そば粉にほうじ茶パウダーを加えて打ったそば。香りを楽しむなら、塩で味わうのがおすすめ

I
ほうじ茶食パン
6枚切り
1斤360円
生地にほうじ茶パウダーを練り込んだ食パンは、マーブル模様がキュート。ビタミンCもたっぷり

J
開運左馬ほうじ茶いなり寿司
5個500円
特注の油揚げを調味料とほうじ茶で炊き、3年熟成の米麹赤酢を使ったシャリを包んでいる

F 西富士宮駅周辺
ふじたかさごしゅぞう
🏭 富士高砂酒造
☎0544-27-2008 🏠静岡県富士宮市宝町9-25 🕘9〜17時（土・日曜、祝日10時〜17時30分）🈺無休 🚉JR西富士宮駅から徒歩9分 🅿10台 MAP 折込裏H5

G 富士駅周辺
かふぇ あいんしゅたいん
☕ Cafe Einstein
☎0545-88-0957 🏠静岡県富士市本町14-12 🕘11時〜15時30分、17時30分〜21時（土曜11〜22時、日曜11〜21時）🈺火曜、第1・3月曜 🚉JR富士駅から徒歩8分 🅿6台 MAP 折込裏H8

H 富士駅周辺
そばしょくじどころ きんとき
🍜 そば食事処 金時
☎0545-61-0205 🏠静岡県富士市本町7-18 🕘11時〜14時30分、17〜24時（日曜は〜21時）🈺木曜 🚉JR富士駅から徒歩4分 🅿契約駐車場利用 MAP 折込裏H8

I 吉原中央駅バス停周辺
こむぎばたけ しょうりんどう
🍞 小麦畑 松林堂
☎0545-52-0676 🏠静岡県富士市今泉1-12-9 🕘7〜20時 🈺日曜 🚉JR富士駅から富士急静岡バス富士見台団地方面行きで27分、和田町下車、徒歩2分 🅿10台 MAP 折込裏I7

J 吉原中央駅バス停周辺
ぎょさいしゅぼう いちむら
🏮 魚菜酒房 一村
☎0545-53-5758 🏠静岡県富士市吉原2-4-19 🕘16時30分〜23時 🈺月曜 🚉JR富士駅から富士急静岡バス吉原中央駅方面行きで23分、吉原中央駅下車、徒歩2分 🅿なし MAP 折込裏I7

📖 富士市内の茶業者が手がけるほうじ茶やイベント情報などが、インスタグラム「@fujinohojicha」で発信されています。

地元で愛され続ける
定番の味みやげをお持ち帰り

気軽に渡せる名物や、日常の食卓にも取り入れられるものもあります。
富士山をイメージしたお菓子、地元の素材を生かした加工品など多彩に揃っています。

Ⓒ ふじおやま金太郎バウム
1600円
地元産の「ごてんばこしひかり」を100%使用した米粉バウムクーヘン

Ⓑ 静岡産クラウンメロンの生ゼリー
1000円（時価）
マスクメロンのなかでも最高級とされるクラウンメロンを堪能できる

Ⓐ 富士山頂 195円
ホワイトチョコがけのスポンジでカスタードクリームを包んだ看板商品

お菓子

フルーツ

Ⓐ 富士山御蔭餅
（おかげもち）
175円
もっちりとした生地と、自家製餡の上品な甘さが相性抜群

Ⓒ 金太郎プレミアムあんぱん
210円
常時40〜50種類のパンが揃う、地元の老舗・金太郎ベーカリーの人気パン。中身はこし餡

Ⓑ ミックスフルーツの生ゼリー
750円
イチゴやキウイ、ミカンなどが入る贅沢な一品

Ⓐ 富士市
おかしあん たごのつき ほんてん
御菓子庵 田子の月 本店
静岡を代表する老舗の菓子舗

アイデア豊かな和洋菓子の店。山頂に雪をいただいた富士山をイメージした「富士山頂」は、漫画家・さくらももこが愛した菓子で、ブログにも登場している。

☎0545-63-6001 住静岡県富士市青葉町40 時9〜19時 休不定休 交JR富士駅から徒歩20分／JR富士駅から富士急静岡バス吉原中央駅行きで8分、県総合庁舎入口下車、徒歩5分 P10台 MAP折込裏H7

富士の麓に立地。地。湧水など厳選素材を使ったお菓子が揃う

Ⓑ 富士市
すぎやまふるーつ
杉山フルーツ
フルーツアーティストの生ゼリー

旬の果物を使った生フルーツゼリーが看板商品。季節により15〜20種のゼリーが揃う。大粒の果実がジューシーで、さっぱりした甘さにファンが多い。

☎0545-52-1458 住静岡県富士市吉原2-4-3 時10〜17時（売り切れ次第閉店）休不定休 交JR富士駅から富士急静岡バス吉原中央駅行きで23分、終点下車、徒歩1分 P5台 MAP折込裏I7

杉山清氏が作る見た目も美しいゼリーが並んでいる

Ⓒ 御殿場周辺
みちのえき ふじおやま
道の駅 ふじおやま
富士山の恵みが詰まった商品

富士東麓の小山町にある道の駅。売店では新鮮野菜のほか、富士山の伏流水が育った地元産ごてんばこしひかりなども販売。オリジナルメニューもあるレストランにも立ち寄りたい。

☎0550-76-5258 住静岡県小山町用沢72-2 時7〜20時（レストラン8〜19時LO）休無休 交JR御殿場駅から富士急モビリティバス駿河小山駅行きで14分、佐野川下車、徒歩10分 P62台 MAP折込裏E4

金太郎ステーション（観光案内所）を併設。富士山も望める

ごはんや酒の肴に合う富士山麓の名物・曽我漬

大正7年（1918）に創業した富士宮の「増田屋本店」では、オリジナルの曽我漬50g230円〜が名物。曽我漬は富士山の湧き水に漬けた大根とキュウリにわさび、からし、酒粕などを配した漬物です。富士宮市特産のニジマスを使った甘露煮700円もおすすめ。
☎0544-26-3380 MAP 折込裏16

Ⓓ **ジビキュトリ いのししソーセージ**
2本入り 1037円
猪の肉を使用したソーセージ

Ⓔ **朝霧ヨーグル豚 ウインナーソーセージ**
8本入り 850円
発酵飼料を与えて育てたブランド豚のヨーグル豚を使用

ハム・ベーコン

Ⓔ **あさぎり カマンベールチーズ**
135g 1188円
富士山の麓でとれた生乳を使ったカマンベールチーズ

Ⓕ **リコッタ**
500円（直売価格）
ホエー（乳清）を使って作る高たんぱく、低カロリーのチーズ

乳製品

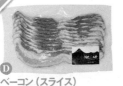

Ⓓ **ジビキュトリ 鹿パテ**
497円
豚レバーなどと鹿肉を混ぜて作るパテ

Ⓓ **ベーコン（スライス）**
100g 605円
ほのかな燻製の香りとまろやかな塩分が特徴。カリカリに焼いても美味

Ⓕ **カチョカバロ**
120g前後 900円（直売価格）
ひょうたん型が印象的な熟成タイプ。フライパンで軽く焦げ目をつけて食べるのがおすすめ

Ⓓ 御殿場
わたなべはむこうぼう
渡辺ハム工房
手作りハムに生肉、デリカも人気

老舗精肉店のハム工房。肉本来のうま味を引き出す、シンプルな製法で作る自社ブランドのハムなどを扱っている。ジビエの加工品・ジビキュトリシリーズも人気だ。
☎0550-82-0234 住静岡県御殿場市川島田661 ⏰9〜17時 休日曜 JR御殿場駅から徒歩6分 P商店街協同駐車場利用 MAP 折込裏H4

▶毎日食べてもたくさんの、塩分控えめのハムやソーセージ

Ⓔ 富士宮
ここずらよ
ここずらよ
富士宮の特産品を販売

富士山本宮浅間大社（☞P80）の鳥居横にあるみやげ店。朝霧高原の乳製品や肉の加工品、名産のニジマスの加工品など、富士宮市内の名産品が一堂に並ぶ。お休み処も併設。
☎0544-24-2544 住静岡県富士宮市宮町1-1 ⏰9〜17時（イートインは16時LO）休無休 JR富士宮駅から徒歩10分 Pなし MAP 折込裏H6

▶店内では富士宮やきそばを味わうことも可能

Ⓕ 朝霧高原
かわぐちこちーずこうぼう
河口湖チーズ工房
丁寧に仕込んだチーズを

広大な牧草地が続く場所にある、小さなチーズ工房。フレッシュから熟成タイプまで、新鮮な牛乳から作るできたてのチーズを幅広く扱う。日持ちするチーズはHPでの購入もできる。
☎0555-89-3087 住山梨県富士河口湖町富士ケ嶺856-3 ⏰10〜18時 休水・木曜 富士急行河口湖駅／JR富士宮駅から車で30分 P10台 MAP 折込裏G4

▶長年乳業関係の仕事をしていた作り手が手作りする

「道の駅 ふじおやま」の建物前にある水汲み場では、富士山の伏流水を自由に汲むことができます。

ココにも行きたい

富士山麓・御殿場のおすすめスポット

♪ ふじみるくらんど
富士ミルクランド

羊やヤギとふれあう酪農体験

羊やヤギのエサやり（10〜16時、カップタイプ100円〜）やバター作り（写真）（1日2回、1回300円）など、体験メニューも充実。**DATA** ☎0544-54-3690 🏠静岡県富士宮市上井出3690 ¥入園無料（各種体験は別途料金）🕐9〜17時（ミルクカフェは10〜16時）休無休 🚌JR富士宮駅から富士急バス富士山駅行きで20分、まかいの牧場下車、徒歩20分 Ｐ約200台 **MAP** 折込裏G5

☕ かふぇ・なちゅれ
カフェ・ナチュレ

人気のオーガニックカフェ

女優の工藤夕貴さんが営むカフェ。おすすめは15種類以上のオーガニックスパイスを使ったハンブルグステーキカレー2300円（写真）。スイーツも人気。**DATA** ☎0544-52-1788 🏠静岡県富士宮市人穴346 🕐11〜17時LO 休火・水曜（夏期は水曜のみ、時短営業の場合あり）🚌JR富士宮駅から富士急バス富士山駅行きで23分、畜産試験場北入口下車、徒歩25分 Ｐ10台 **MAP** 折込裏G5

🍷 ふじさんわいなりー
富士山ワイナリー

富士山麓発の銘ワイン

ヨーロッパ伝統のトラディショナル方式で造るヴィンテージスパークリングは、自社畑の甲州種100％使用。写真はシゼン・スパークリング甲州6600円。**DATA** ☎0544-52-0055 🏠静岡県富士宮市根原宝山498 🕐10〜16時（見学は要予約）休無休 🚌JR富士宮駅から富士急バス富士山駅行きで37分、道の駅朝霧高原下車、徒歩6分 Ｐ30台 **MAP** 折込裏G4

🏕 あーばんきゃんぴんぐ あさぎりたからやま
アーバンキャンピング朝霧宝山

設備充実でアウトドア初心者も安心

自分でテントを張るオートサイトのほか、常設のグランピングテントも。グランピングプランでは食材と必要な道具を用意してくれる。**DATA** ☎0545-38-3646（アーバンキャンピング富士市本社）🏠静岡県富士宮市根原371-5 ¥グランピング1泊2万円（税別）〜 IN14時／OUT11時 休12〜2月（特別営業日あり）🚌JR富士宮駅から富士急バス富士山駅行きで35分、富士丘入口下車、徒歩20分 Ｐ20台 ●グランピングテント3棟 **MAP** 折込裏G4

🍖 にくしょう さのまん
肉匠 さの萬

富士山麓で熟成された肉を堪能

日本のドライエイジングビーフ熟成肉の先駆者「さの萬」。柔らかでジューシーな熟成肉ステーキはもちろん、キャンプやBBQにぴったりな骨付き肉、くるくるウィンナーなどの加工品も充実している。**DATA** ☎0544-26-3352 🏠静岡県富士宮市宮町14-19 🕐10時〜18時30分 休水曜、木曜不定休 🚌JR富士宮駅から徒歩18分 Ｐ10台 **MAP** 折込裏H5

🍳 おおさかや
大阪屋

老舗ならではの職人技！粉モノが充実

大きな鉄板の上で熟練の技で焼き上げる富士宮やきそばミックス700円は、甘さと辛さが絶妙な味わい。ほかにお好み焼550円〜、たこ焼300円、明石焼400円など、粉モノも充実している。**DATA** ☎0544-27-0237 🏠静岡県富士宮市元城町12-10 🕐10〜20時（月曜は〜16時）休火曜 🚌JR富士宮駅から徒歩8分 Ｐ7台 **MAP** 折込裏I6

🫖 うみとふじのちゃのま
海と富士の茶の間

海と富士の間に広がる茶畑テラス

海を見渡す高台にある茶畑の中のテラス。季節のお茶を味わいながら、寝転んだり、写真を撮ったりして過ごせる。要予約。**DATA** ☎080-7016-1201（茶の間事務局）🏠静岡県富士市富士岡1765（富士まる茂茶園）¥90分貸切3500円〜※貸切プランのみ 🕐10時〜、12時15分〜、14時30分〜、16時30分〜18時（3〜10月のみ）休不定休、雨天時 🚌JR富士駅から車で15分 Ｐ3台 **MAP** 折込裏C5

🍽 きっさあどにす
喫茶アドニス

ご当地グルメ・つけナポリタン発祥の店

富士つけナポリタン1680円は、パスタを地元鶏を使ったトマトスープでつけ麺風に味わう。**DATA** ☎0545-52-0557 🏠静岡県富士市吉原2-3-16 🕐11〜21時（売り切れ次第終了、富士つけナポリタンの提供は11時30分〜）休火〜木曜（祝日の場合は営業）🚌JR富士駅から富士急静岡バス吉原中央駅方面行きで23分、吉原中央駅下車、徒歩1分 Ｐ提携駐車場利用 **MAP** 折込裏I7

---

column

電車内から夜景を眺める

富士市のローカル鉄道・岳南（がくなん）電車が運行する「夜景電車」（自由席）では、車内の明かりを消し、レトロな駅舎や車両、暗闇に浮かび上がる工場の灯りや夜景を楽しめる。ナイトビュープレミアムトレイン（4000円、指定席）も。**DATA** ☎0545-53-5111（土・日曜、祝日は吉原駅0545-33-0510）🏠静岡県富士市 ¥1200円 🕐休毎月一回の土曜に1日2往復運行（電話予約制）🚌JR富士駅から東海道本線で吉原駅まで4分 **MAP** 折込裏I8

御殿場
ひがしやまきゅうきしてい
東山旧岸邸

元首相の岸信介が過ごした邸宅

岸信介が晩年の17年間を過ごした邸宅。近代数寄屋建築の祖といわれる建築家、吉田五十八（いそや）の名作を見学できる。**DATA**☎0550-83-0747 住静岡県御殿場市東山1082-1 入館300円 10～18時（10～3月は～17時）火曜（祝日の場合は翌日）JR御殿場駅から富士急バス御殿場プレミアム・アウトレット行きで6分、東山旧岸邸前下車すぐ 46台 **MAP** 折込裏I4

御殿場
きりんでぃすてぃらりー ふじごてんばじょうりゅうしょ
キリンディスティラリー 富士御殿場蒸溜所

キリンウイスキーの魅力を体感しよう

プロジェクションマッピングの映像で、富士御殿場蒸溜所の魅力を体感。試飲や買い物もできるショップもある。**DATA** ☎0550-89-4909 住静岡県御殿場市柴怒田970 ツアー参加費500円（20歳以上）9時30分～16時 月曜（祝日の場合は翌平日）JR御殿場駅から無料送迎バスで20分 15台 **MAP** 折込裏E4

御殿場
ふじさんじゅくうのもり
富士山樹空の森

遊びながら富士山のことを学ぶ

自然に囲まれた広大な敷地には、富士山の成り立ちなどを映像で紹介するシアターや全18ホールのパークゴルフ場もある。**DATA** ☎0550-80-3776 住静岡県御殿場市印野1380-15 入場無料（一部有料）9～17時（12～2月は～16時）火曜（祝日の場合は翌日）JR御殿場駅から富士急バス印野本村行きで20分、富士山樹空の森下車すぐ 197台 **MAP** 折込裏D4

御殿場
ふくふく
ふくふく

自社農園の野菜や果物を地酒と味わう

寿司やしゃぶしゃぶなどを提供する和食レストラン。パティシエのいる和食処としても有名で、持ち帰りも可能な季節ケーキも豊富だ。**DATA** ☎0550-80-1234 住静岡県御殿場市茱萸沢194 11時～14時30分、17～21時（土・日曜、祝日11～21時）無休 JR御殿場駅から富士急バス河口湖駅行きで5分、権現堂下車、徒歩5分 50台 **MAP** 折込裏E4

いろどり御膳2816円。県内の自社農園で育てた米や野菜、果物を中心に調理するメニューは、盛り付けも美しい

地元御殿場にあるキリンの蒸溜所で造られたウイスキーを提供。シングル792円

御殿場
にのおかはむ（にのおかふーず）
二の岡ハム（二の岡フーズ）

丹念に燻製した伝統の味

戦前にアメリカ人宣教師から受け継いだ製法を守り続ける名店。しっかりとした味のボロニアソーセージ100g238円や、プレスハム100g356円が評判。**DATA** ☎0550-82-0127 住静岡県御殿場市東田中1729 9～18時 火曜 JR御殿場駅から車で7分／JR御殿場駅から箱根登山バス小涌園・ユネッサン行きで5分、二の岡下車、徒歩5分 20台 **MAP** 折込裏E4

御殿場
あんどろわ ぱれ いんたーてん
Endroit Palais インター店

富士山麓で作るこだわりケーキ

富士山の恵みを受けた食材で作るケーキは、食べるのがもったいないほどの美しさ。カフェスペースも備える。写真は左からLOVE464円、プリンアラモード410円、抹茶ショコラ464円。**DATA** ☎0550-82-7172 住静岡県御殿場市新橋299-2 10時～18時30分 火曜（祝日の場合は営業）JR御殿場駅から徒歩15分 17台 **MAP** 折込裏H4

御殿場
ふらんすがしきっさ もんしぇり
フランス菓子喫茶 もんしぇり

ベテランパティシエの腕が光る

東京や神奈川の有名店で腕を磨いたパティシエが作る洋菓子が並ぶ。富士山のシルエットが浮かぶサブレ「高原のささやき」5枚入り788円はギフトにぴったり。喫茶コーナーも8席備える。**DATA** ☎0550-84-1655 住静岡県御殿場市萩原439-13 9時30分～19時30分 月・火曜 JR御殿場駅から徒歩15分 4台 **MAP** 折込裏H3

御殿場周辺
じゅうりぎこうげんてんぼうだい
十里木高原展望台

富士山の大パノラマを一望

国道469号沿いの十里木高原駐車場から遊歩道を20分ほど歩いたところにある、標高970mほどの展望台。富士山や南アルプスなどを見渡す大パノラマが広がっている。一帯はススキの名所でもある。**DATA** ☎055-992-5005（裾野市観光協会）住静岡県裾野市十里木 散策自由 JR裾野駅から車で35分 38台 **MAP** 折込裏D4

日帰り温泉で富士ビューを満喫

温泉施設やホテルの日帰りプランを利用して、さっぱり&リフレッシュして、旅の続きへ出かけましょう。

16種類の湯船と絶景が評判

鳴沢村
ふじちょうぼうのゆ ゆらり
富士眺望の湯 ゆらり

迫力満点の富士山を望めるパノラマ風呂をはじめ、庭園風の霊峰露天風呂やアロマテラピー効果を期待できる香り風呂など、温泉のテーマパークさながらに多彩な種類の湯船が揃う。

☎0555-85-3126 住山梨県鳴沢村8532-5 ⏰10～21時（土・日曜、祝日は～22時）休無休（メンテナンス休業あり）交富士急行河口湖駅から西湖周遊バスで24分、道の駅なるさわ下車すぐ P130台 MAP折込表H5

♨ 立ち寄り湯データ
料金1400円（土・日曜、祝日は1700円）

・バスタオル…貸出（無料）
・フェイスタオル…貸出（無料）
・シャンプー／ボディソープ…あり
・ドライヤー…あり
・休憩室…あり（有料休憩室は1時間2000円）

❶霊峰露天風呂からは富士山の雄大な姿を遠望できる ❷開放感のあるパノラマ風呂 ❸浴場は1階と2階に分かれている ❹食事処「お狩場」では山梨名物ほうとう1人前1600円も提供

御殿場
おたいないおんせんけんこうせんたー
御胎内温泉健康センター

ガラス張りの内湯や露天風呂、ログハウス風の檜の湯、富士山噴火時の溶岩を掘り出して造ったドーム状の溶岩風呂などがある。それぞれの湯船や休憩室から四季折々の富士山を楽しめる。

☎0550-88-4126 住静岡県御殿場市印野1380-25 ⏰10～21時（最終受付20時）休火曜（祝日の場合は翌日）交JR御殿場駅から富士急バス印野本村行きで20分、富士山樹空の森下車すぐ P110台 MAP折込裏D4

❶富士山樹空の森（☞P101）に隣接する入浴施設 ❷露天風呂を含む浴場は1カ月ごとに男女入替制 ❸露天風呂で湯船に浸かると、視線の先にそびえる富士山がある。冬場の晴れた午前中なら、雪化粧をした姿を一望できる

♨ 立ち寄り湯データ
料金600円～（土・日曜、祝日は800円～）

・バスタオル、フェイスタオルセット…貸出（290円）
・シャンプー／ボディソープ…あり
・ドライヤー…あり
・休憩室…あり（無料）、貸切は2000円～

露天風呂からは真正面に富士山の姿

山中湖温泉 紅富士の湯
やまなかこおんせん べにふじのゆ

石と檜の2種類の湯船がある大庭園露天風呂はもちろん、すべての内湯から富士山を望める。高いアルカリ性ながらマイルドな成分のため、美肌効果があり美人の湯といわれる。

☎0555-20-2700 🏠山梨県山中湖村山中865-776 🕐11～19時（土・日曜、祝日は～20時、最終受付は各閉館45分前）🏠火曜（祝日の場合は営業）🚉富士急行富士山駅から周遊バス「ふじっ湖号」で32分、紅富士の湯下車すぐ 🅿220台 MAP 折込表A5

富士山を楽しむ開放的な空間で

🛁 立ち寄り湯データ
料金900円

- バスタオル…貸出（180円）
- フェイスタオル…販売（220円）
- シャンプー／ボディソープ…あり
- ドライヤー…あり
- 休憩室…なし

❶2種類の露天風呂は湯温が異なるので、好みに合わせて入ろう ❷内風呂の大浴場からも富士山を望む。大浴場には、寝湯、ぬるま湯なども備える ❸霧状の湯が全身を包み込むミストサウナ

富士山と河口湖の絶景に癒やされる

▲ 男女どちらの大浴場からも、迫力のある富士山が見える

ホテル美富士園
ほてるみふじえん

地下1500mから湧出する天然温泉を使用した大浴場は、裾野のほうまで望める富士山と河口湖の景色が自慢。

☎0555-72-1044 🏠山梨県富士河口湖町浅川207 🕐13～20時 🏠不定休 🚉富士急行河口湖駅から河口湖周遊バスで14分、浅川温泉街下車、徒歩2分 🅿50台 MAP 折込表H2

🛁 立ち寄り湯データ
料金1200円

- バスタオル…貸出（無料）
- フェイスタオル…貸出（無料）
- シャンプー／ボディソープ…あり
- ドライヤー…あり
- 休憩室…なし

富士田貫湖温泉「富士山恵みの湯」
ふじたぬきこおんせん「ふじさんめぐみのゆ」

田貫湖（☞P79）畔に立つ宿・休暇村富士の温泉。広い窓からは田貫湖と富士山のパノラマが広がり、逆さ富士が映ることも。湯上がりにはティールーム（8～16時）で、富士山の湧水で淹れたコーヒー400円を。

☎0544-54-5200 🏠静岡県富士宮市佐折634 🕐11時～13時30分最終受付 🏠火曜 🚉JR富士宮駅から富士急静岡バス白糸線で45分、休暇村富士下車すぐ 🅿80台 MAP 折込裏F5

🛁 立ち寄り湯データ
料金800円（土・日曜、祝日は1000円）

- バスタオル…貸出（300円）
- フェイスタオル…販売（200円）
- シャンプー／ボディソープ…あり
- ドライヤー…あり
- 休憩室…なし

湯船から富士山と田貫湖を望む

▲ 泉質はアルカリ性単純温泉で、美肌の湯

富士山麓の知っておきたいエトセトラ

富士山麓の街への興味が深まる本やプランに取り入れたいイベントなど、旅の前のちょっとした予習に役立つ情報をご紹介します。

祭り・イベント

富士山麓エリアでは桜や紅葉の観賞、冬花火など、各地でさまざまなイベントが開催されるので、四季折々のイベント情報を出発前にチェックしよう。

本栖湖 4月中旬～5月下旬
ふじしばざくらまつり
富士芝桜まつり

本栖湖の近く、富士山を望む1万5000㎡の会場に50万株もの芝桜が咲き誇る。
DATA ☞P52

鳴沢村 GW前後（要問合せ）
なるさわつつじまつり
鳴沢つつじ祭り

ミツバツツジは富士北麓に春を告げる花。期間中の土・日曜、祝日は屋台も登場する。
☎0555-85-3900（道の駅 なるさわインフォメーション）MAP 折込表H5

河口湖 6月中旬～7月中旬
かわぐちこはーぶふぇすてぃばる
河口湖ハーブフェスティバル

ラベンダーが咲き誇る公園を開放。富士山を背景に、ラベンダーが咲く風景を楽しめる。
☎0555-72-3168（富士河口湖町観光課）MAP 折込表F1

山中湖・河口湖ほか 8月1～5日
ふじごこのはなびたいかい
富士五湖の花火大会

初日の山中湖報湖祭から最終日の河口湖湖上祭までの期間、富士五湖を会場に、花火のほか灯篭流しやボート供養などが行われる。
☎0555-62-3100（山中湖観光協会）／0555-72-3168（富士河口湖町観光課）MAP 折込表H2・B5・E5・F5・H4

御殿場 10月上旬～3月上旬
ときのすみかいるみねーしょん
時之栖イルミネーション

毎年大規模なイルミネーションが開催され、噴水レーザーショーや光のトンネルなど、光と音が織りなすショーを楽しめる。
DATA ☞P85

富士吉田 10月下旬ごろ
はたおりまちふぇすてぃばる
ハタオリマチフェスティバル

下吉田の町全体が会場になる秋祭りで、全国の生地製品ブランドが集まる。音楽会やワークショップなどのイベントも開催される。
☎0555-22-1111（実行委員会事務局）MAP 折込裏G1

河口湖 11月上旬～下旬
ふじかわぐちここうようまつり
富士河口湖紅葉まつり

約60本のモミジが紅葉のトンネルをつくるもみじ回廊などがみもの。
☎0555-72-3168（富士河口湖町観光課）MAP 折込表G1

山中湖 12月上旬～1月上旬（予定）
やまなこいるみねーしょん「ふぁんたじうむ」
山中湖イルミネーション「FANTASEUM」

富士山を望む幻想的な風景のなか、アートイルミネーションを展示。
☎0555-62-5587（山中湖花の都公園）MAP 折込表B4

河口湖 1月下旬～2月下旬の土・日曜、2月23日
かわぐちこふゆはなび
河口湖冬花火

大池公園など湖の東側の3つのポイントで花火が打ち上げられる。対岸からは花火と富士山を望むことができる。
☎0555-72-3168（富士河口湖町観光課）MAP 折込表G2

西湖 1月下旬～2月上旬
さいこじゅひょうまつり
西湖樹氷まつり

迫力ある樹氷や、雄大な富士山の織りなす風景が魅力的。
☎0555-72-3168（富士河口湖町観光課）MAP 折込表G4

気候・旅のアドバイス

春 標高が高い富士五湖エリアは4月になっても雪が降ることがあるので、防寒対策はしっかりと。富士山を見るには絶好のシーズン。特に桜の開花時期は絶景を楽しめる。

夏 最も賑わうシーズンだが、日中は雲が出やすく、富士山が見られない日が多い。7・8月は富士山の開山シーズン。吉田、須走、富士宮の各登山道五合目までマイカー規制がある。

秋 富士山が見える日が多くなり、富士山麓を訪れるには最高のシーズン。10月になるとぐっと気温が下がるので、ネイチャー体験などをする際は防寒の備えをしておこう。

冬 寒さは厳しいが、富士山ビューを満喫できる日が多い。旅行者が少ないことを狙ってテーマパークのアトラクションを楽しむ人も。車で行く際は冬用タイヤで。チェーン規制もチェック。

ゆかりの作家

日本を代表する作家たちが、さまざまな思いで描いた富士山麓の景色。ひと味違う旅の風景が見えるかも。

太宰治

『富嶽百景』は太宰作品のなかでは明るい小説。富士山の絶景で有名な山梨県の御坂峠にある天下茶屋で過ごした数カ月間に出会う人々を、富士山を絡めて描いた。茶屋の2階には今も太宰ゆかりの品などが展示されている。

『富嶽百景・走れメロス』／太宰治 作／岩波文庫

与謝野晶子

大正12年(1923)8月に精進湖を訪れた際に詠んだ「秋の雨 精進の 船の 上を打ち 富士ほのぼのと 浮かぶ空かな」の歌碑を、精進湖他手合浜(たてごうはま)のほとりで見ることができる。

谷崎潤一郎

大阪船場の旧家に生まれた四姉妹の人生、昭和10年代の関西上流社会の暮らしを描いた華やかな小説『細雪』。作品中、貞之助・幸子夫妻が河口湖を訪れる場面が描かれ、河口湖畔に「さくや愛の鐘」と碑文が立っている。

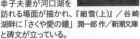

『細雪(上)』／谷崎潤一郎 作／新潮文庫

新田次郎

『富士山頂』は異色の山岳小説。昭和39年(1964)、富士山頂に完成したレーダードーム建設の壮絶な舞台裏を、気象庁職員であった作家本人の経験をもとに描く。気象庁担当者の情熱と技術者たちの激しい戦いを記録した。写真下は富士山レーダードーム館(☞P37)。

『富士山頂』／新田次郎 作／文春文庫

武田泰淳

小説『富士』は、太平洋戦争下、平時の収容人数をはるかに超える900人が収容された富士山麓の精神病院を舞台にしている。病院に実習生として勤務する主人公が見た深い人間哲学を追究した著者の代表作。

『富士』／武田泰淳 作／中公文庫

注目のアニメ

富士山の絶景を背景に女子高生たちがキャンプを展開する、あfろ氏の漫画が原作のアニメ。背景画も美しい。

ゆるキャン△

山梨県のキャンプ場を舞台に女子高生たちがアウトドア趣味を満喫する、ゆるくて楽しい日常を描いたアニメ。実用性の高いキャンプのノウハウも魅力。

● 『ゆるキャン△』Blu-ray BOX 2万2000円(税別)／発売元・販売元：フリュー株式会社／2020年

第1話に登場した本栖湖の浩庵キャンプ場は、『ゆるキャン△』のモデル地になっている（MAP 折込表E5）

©あfろ・芳文社／野外活動サークル

コレは食べておきたい

静岡・山梨両県で味わえるそれぞれ個性豊かなご当地の味覚と、自然の恵みをたっぷりと満喫しよう。

ほうとう

山梨の人気の郷土料理。平打ちの幅広麺に肉、カボチャなどの野菜とキノコなどを入れ、味噌仕立ての汁で煮る。☞P28

吉田のうどん

日本一硬いうどんと称される、コシの強い長い麺が特徴。ゆでてキャベツをのせるのが定番だがアレンジもさまざま。☞P42

富士宮やきそば

今や全国区で知られるご当地焼きそば。コシのある麺と店独自のブレンドソースなどを入れ、仕上げにイワシ粉などをかける。☞P92

フルーツ

フルーツ王国山梨の旬を満喫！6月はサクランボ、8〜9月は桃、梨、ブドウ。スイーツでいただくのもおすすめ。☞P26

朝霧高原の乳製品

まかいの牧場などで作る新鮮なバター、ミルクたっぷりのチーズやプリン、クレープなどの乳製品はおみやげにも人気。☞P82

ヒメマス・ニジマス

山梨名物の風味豊かなヒメマスを炊き込みご飯で。薬味を添えたり、だしでいただく。ヒメマスは春と秋。ニジマスは通年。☞P50

富士山モチーフ

形やパッケージに富士山をモチーフにしたお菓子もいっぱい(☞P44)。大人気の青い富士山カレーも必食。

交通ガイド

河口湖・山中湖・富士山麓・御殿場への交通

河口湖や山中湖へはどう行く？ 富士山麓はどうまわる？ ほかのエリアに足を延ばすには？
交通情報をチェックしてスマートに行こう。

東京から（鉄道・バス）

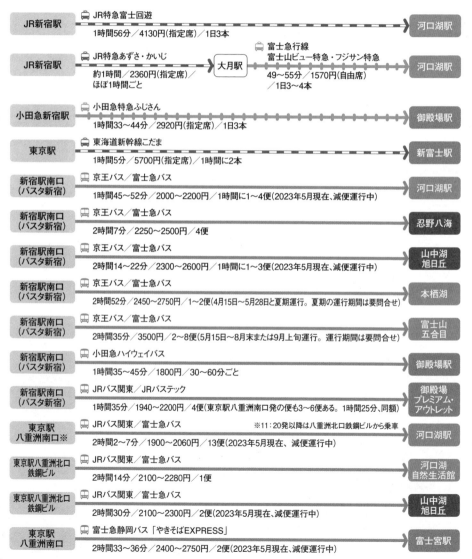

出発地	路線・便	所要時間・料金・本数	経由	到着地
JR新宿駅	🚃 JR特急富士回遊	1時間56分／4130円(指定席)／1日3本		河口湖駅
JR新宿駅	🚃 JR特急あずさ・かいじ	約1時間／2360円(指定席)／ほぼ1時間ごと	大月駅 🚃 富士急行線 富士山ビュー特急・フジサン特急 49〜55分／1570円(自由席)／1日3〜4本	河口湖駅
小田急新宿駅	🚃 小田急特急ふじさん	1時間33〜44分／2920円(指定席)／1日3本		御殿場駅
東京駅	🚃 東海道新幹線こだま	1時間5分／5700円(指定席)／1時間に2本		新富士駅
新宿駅南口(バスタ新宿)	🚌 京王バス／富士急バス	1時間45〜52分／2000〜2200円／1時間に1〜4便(2023年5月現在、減便運行中)		河口湖駅
新宿駅南口(バスタ新宿)	🚌 京王バス／富士急バス	2時間7分／2250〜2500円／4便		忍野八海
新宿駅南口(バスタ新宿)	🚌 京王バス／富士急バス	2時間14〜22分／2300〜2600円／1時間に1〜3便(2023年5月現在、減便運行中)		山中湖旭日丘
新宿駅南口(バスタ新宿)	🚌 京王バス／富士急バス	2時間52分／2450〜2750円／1〜2便(4月15日〜5月28日と夏期運行。夏期の運行期間は要問合せ)		本栖湖
新宿駅南口(バスタ新宿)	🚌 京王バス／富士急バス	2時間35分／3500円／2〜8便(5月15日〜8月末または9月上旬運行。運行期間は要問合せ)		富士山五合目
新宿駅南口(バスタ新宿)	🚌 小田急ハイウェイバス	1時間35〜45分／1800円／30〜60分ごと		御殿場駅
新宿駅南口(バスタ新宿)	🚌 JRバス関東／JRバステック	1時間35分／1940〜2200円／4便(東京駅八重洲南口発の便も3〜6便ある。1時間25分、同額)		御殿場プレミアム・アウトレット
東京駅八重洲南口※	🚌 JRバス関東／富士急バス	2時間2〜7分／1900〜2060円／13便(2023年5月現在、減便運行中) ※11:20発以降は八重洲北口鉄鋼ビルから乗車		河口湖駅
東京駅八重洲北口鉄鋼ビル	🚌 JRバス関東／富士急バス	2時間14分／2100〜2280円／1便		河口湖自然生活館
東京駅八重洲北口鉄鋼ビル	🚌 JRバス関東／富士急バス	2時間30分／2100〜2300円／2便(2023年5月現在、減便運行中)		山中湖旭日丘
東京駅八重洲南口	🚌 富士急静岡バス「やきそばEXPRESS」	2時間33〜36分／2400〜2750円／2便(2023年5月現在、減便運行中)		富士宮駅

🌸 東京から（車）

高井戸IC	🚗 中央道〜河口湖IC〜県道707号〜国道139号 1時間25分／99km／2640円	→ **河口湖** （河口湖大橋）
東京IC	🚗 東名高速〜御殿場IC〜国道138号〜須走IC〜東富士五湖道路〜富士吉田IC〜県道707号 1時間50分／117km／3700円	→ **河口湖** （河口湖大橋）
高井戸IC	🚗 中央道〜河口湖IC〜東富士五湖道路〜山中湖IC〜国道138号 1時間30分／109km／3180円	→ **山中湖** （旭日丘）
東京IC	🚗 東名高速〜御殿場IC〜国道138号〜須走IC〜東富士五湖道路〜山中湖IC〜国道138号 1時間40分／110km／3160円	→ **山中湖** （旭日丘）
東京IC	🚗 東名高速〜御殿場JCT〜新東名高速〜新富士IC〜国道139号〜西富士道路 1時間55分／142km／3490円	→ **朝霧高原** まかいの牧場

🌸 名古屋から

名古屋駅	🚅 東海道新幹線こだま 1時間28分／7670円(指定席)／1時間に2本	→ **新富士駅**
名鉄 バスセンター	🚌 名鉄バス／富士急バス「リゾートエクスプレス」 4時間20分／4500円／1〜2便(1便は昼行便で土・日曜、祝日を中心に特定日運行、1便は臨時便 (往路は夜行便で8時間28分・復路は昼行便)で金・土曜、祝日を中心に特定日運行(復路は翌日)	→ **河口湖駅**
名古屋IC	🚗 豊田東JCT〜新東名高速〜新御殿場IC〜国道138号〜須走IC〜東富士五湖道路〜富士吉田IC〜県道707号 2時間45分／262km／6710円	→ **河口湖** （河口湖大橋）
名古屋IC	🚗 豊田東JCT〜新東名高速〜新御殿場IC〜国道138号〜須走IC〜東富士五湖道路〜山中湖IC〜国道138号 2時間35分／255km／6170円	→ **山中湖** （旭日丘）
名古屋IC	🚗 豊田東JCT〜新東名高速〜新富士IC〜国道139号〜西富士道路 2時間15分／213km／4860円	→ **朝霧高原** まかいの牧場

◎鉄道やバスの所要時間は目安で、乗り換えの時間は含んでいません。また、利用する電車やバスによっても異なります。
◎新幹線、特急のねだんは、乗車に必要な運賃・特急料金(普通車指定席の事前購入)を合計したものです。
◎車の料金は普通車平日ETC利用の通行料金です。現金払いでは異なることがあります。
◎車でアクセスする場合の所要時間と距離は目安です。
◎高井戸ICは首都高速だけが接続しています。一般道から八王子方面への乗り入れはできません。

🎫 おトクなきっぷを活用しよう

●富士五湖エンジョイ！きっぷ
新宿〜河口湖〜山中湖(平野)間の高速バスの往復に、「河口湖、西湖、鳴沢・精進湖・本栖湖エリア共通フリークーポン」か「富士吉田・忍野・山中湖エリア共通フリークーポン」(いずれも2日間乗り放題)のどちらかをセットし、新宿から5100円。富士登山バスやパノラマロープウェイなど観光施設の割引券付き。あらかじめ電話かインターネットで往復の高速バスを予約のうえ、新宿駅南口の高速バスターミナル(新宿バスタ)の窓口で購入する。
問合せ：京王バス(高速バス予約センター) ☎03-5376-2222

☎ 問合先

鉄道
●**JR東日本（お問い合わせセンター）**
☎050-2016-1600
●**JR東海（テレフォンセンター）** ☎050-3772-3910
●**富士山麓電氣鐵道富士急行線（富士山駅）**
☎0555-22-7133
●**小田急お客さまセンター** ☎044-299-8200

高速バス
●**京王バス** ☎03-5376-2222
●**富士急バス（富士急コールセンター）**
☎0570-022956
●**JRバス関東** ☎0570-048905
●**富士急静岡バス（富士急コールセンター）**
☎0570-022956
●**小田急ハイウェイバス** ☎03-5438-8511

日本道路交通情報センター
●**山梨情報** ☎050-3369-6619
●**静岡情報** ☎050-3369-6622
●**中央道・長野道情報** ☎050-3369-6764
●**東名高速情報** ☎050-3369-6763

河口湖・山中湖・富士山麓・御殿場での交通

富士山麓エリア間での移動は車以外では、主に周遊バスや路線バス。
バスの利用の場合は事前に便数、時刻表を調べておきましょう。

主要エリア間のアクセス

出発	路線	到着
河口湖駅	🚌 西湖周遊バス(グリーンライン) 40分(復路35分)／710円(復路640円)／1日8便	西湖いやしの里根場
河口湖駅	🚌 富士急バス(JR新富士駅行き)または鳴沢・精進湖・本栖湖周遊バス(ブルーライン) 47分／1300円／計1日6便	本栖湖
河口湖駅・富士山駅	🚌 富士急バス(JR御殿場駅行き) 38〜43分(富士山駅から30〜35分)／790円(富士山駅から650円)／30分〜1時間に1便	山中湖旭日丘
河口湖駅・富士山駅	🚌 富士吉田・忍野・山中湖 周遊バス「ふじっ湖号」 29分(富士山駅から21分)／580円(富士山駅から400円)／1日11便(日中1時間に1便)	忍野八海
富士山駅・河口湖駅	🚌 富士急バス(JR新富士駅行き) 1時間15分(河口湖駅から1時間7分)／1810円(河口湖駅から1700円)／1日3便	朝霧高原(まかいの牧場)
富士山駅・河口湖駅	🚌 富士急バス(JR新富士駅行き) 1時間43分(河口湖駅から1時間35分)／2250円(河口湖駅から2140円)／1日3便	富士宮駅
河口湖駅・富士山駅	🚌 富士急バス(JR御殿場駅行き) 1時間10〜30分(富士山駅から1時間2〜22分)／1540円(富士山駅から1440円)／30分〜1時間に1便	御殿場駅
富士宮駅	🚌 富士急バス(河口湖駅・富士山駅行き) 25分／720円／1日3便	朝霧高原(まかいの牧場)
富士宮駅	🚃 JR身延線・普通 19分／240円／1時間に2〜4本	富士駅
富士宮駅	🚃 JR身延線(富士駅乗り換え)・東海道本線(沼津駅乗り換え)・御殿場線・普通 1時間35分／990円／1時間に1〜2本	御殿場駅

便利な周遊バス

※バス路線図は大判表をチェック

富士五湖地区の河口湖・西湖・山中湖などには周遊バスが運行されている。共通フリークーポンとともに活用しよう。

▶河口湖周遊バス
（レッドライン）
河口湖駅から河口湖自然生活館まで河口湖北岸の観光ポイントを20〜30分ごとに往復する。

※「河口湖、西湖、鳴沢・精進湖・本栖湖エリア共通フリークーポン」
河口湖周遊バス、西湖周遊バスのほか、河口湖駅〜鳴沢〜精進湖入口〜本栖湖のコースで運行する「鳴沢・精進湖・本栖湖周遊バス（ブルーライン）の全線および、各周遊バスとの共通区間を走る路線バスで利用可能。2日間乗り降り自由で1500円。各周遊バス車内や河口湖駅バス窓口で発売。

▶西湖周遊バス
（グリーンライン）
河口湖駅から河口湖南岸を通り、西湖を右回りで一周し、青木ヶ原樹海を経由して戻る。

▶富士吉田・忍野・山中湖 周遊バス「ふじっ湖号」
河口湖駅を起点に、富士山駅を経由して忍野〜山中湖畔を周遊する。山中湖の周囲は左回り・右回りがあり、1便おきに合計1日11便運行。山中湖の西端にあたるバス停・富士山中湖(ホテルマウント富士入口)までは河口湖駅から44分、さらに両回りとも湖畔を一周するのに44分かかる。

※「富士吉田・忍野・山中湖エリア共通フリークーポン」
「ふじっ湖号」および「ふじっ湖号」と重なる区間を走る路線バスが2日間乗り降り自由となる。1500円。「ふじっ湖号」車内や河口湖駅バス窓口などで発売。

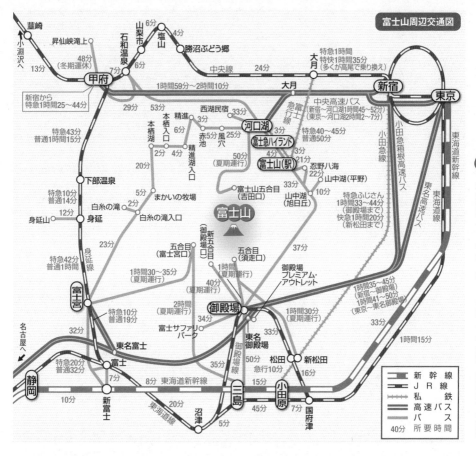

富士山周辺交通図

韮崎
昇仙峡滝上
6分
山梨市
4分
塩山
勝沼ぶどう郷
小淵沢へ
13分
48分
(冬期運休)
石和温泉
7分
6分
中央線
24分
大月
特急1時間
特快1時間35分
(多くが高尾で乗り換え)
新宿
東京
甲府
7分
1時間59分〜2時間10分
大月

新宿から
特急1時間25〜44分
中央高速バス
(新宿〜河口湖1時間45〜52分)
(東京〜河口湖2時間2〜7分)

29分
53分
西湖民宿
33分
河口湖
3分
特急
富士
急行線
富士急ハイランド
3分
小田急箱根高速バス
小田急線

特急43分
普通1時間15分
本栖湖入口
精進
6分
本栖湖
赤池
5分
風穴
25分
3分
特急40〜45分
普通50分
富士山(駅)
4分

20分
2分
4分
精進湖入口
50分
(夏期運行)
忍野八海
22分
東名高速バス
東名高速線

下部温泉
5分
まかいの牧場
富士山五合目
(吉田口)
山中湖(平野)
10分
特急ふじさん
1時間33〜44分
(御殿場まで)
快速1時間20分
(新松田まで)

特急10分
普通14分
白糸の滝
山中湖
(旭日丘)
33分

身延山
12分
身延
白糸の滝入口
富士山
新五合目
五合目
(須走口)

23分
身延線
五合目
(富士宮口)
御殿場
プレミアム・
アウトレット
37分

特急42分
普通1時間
1時間30〜35分
(夏期運行)
1時間
夏期運行
40分
(夏期運行)

富士宮
特急10分
普通19分
2時間
(夏期運行)
御殿場
1時間35〜45分
(新宿〜御殿場)
1時間41〜50分
(東京〜東名御殿場)

32分
34分
1時間30分
(夏期運行)
33分

富士サファリ
パーク
東名
御殿場
33分
1時間15分

東名富士
御殿場線
35分
50分
松田
新松田
急行10分
16分

静岡
特急20分
普通32分
富士
7分
8分 東海道新幹線
15分
三島
小田原
45分
国府津

名古屋へ
10分
新富士
東海道線
20分
沼津
5分

	新幹線
	JR線
	私鉄
	高速バス
	バス
40分	所要時間

✏️おトクなきっぷを活用しよう

●富士山・富士五湖パスポート

右図に示した富士五湖周辺の、周遊バスを含む路線バスと電車が2日間
乗り降り自由のフリーきっぷで、エリア内のロープウェイや観光施設が割引
になる特典付き。富士山麓電気鉄道富士急行線の電車が下吉田駅〜河口
湖駅間だけ乗り放題のタイプ(2600円)と、大月駅〜河口湖駅間全線が乗
り放題の「富士急電車セット」(3000円)の2種類ある。富士山駅、河口湖
駅、森の駅旭日丘(山中湖)、御殿場駅、三島駅、富士宮駅などの富士
急バスの窓口で発売。「電車セット」は富士急行線大月駅でも買える。
問合せ:富士急バス ☎0555-72-6877

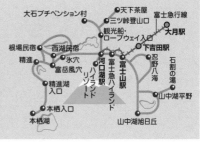

大石プチペンション村
天下茶屋
三ツ峠登山口
富士急行線
観光船・
ロープウェイ入口
大月駅
根場民宿
西湖民宿
氷穴
富士風穴
下吉田駅
精進
河口湖駅
富士山駅
忍野八海
石割の湯
精進湖
入口
河口湖ハイランドリゾート
富士急ハイランド
山中湖平野
本栖湖入口
山中湖旭日丘
本栖湖

🕿 問合先

鉄道
●富士山麓電気鉄道富士急行線 (富士山駅) ☎0555-22-7133
●JR東海 (テレフォンセンター) ☎050-3772-3910

路線バス
●富士急バス (河口湖) ☎0555-72-6877
●富士急静岡バス ☎0545-71-2495

河口湖 山中湖
富士山麓 御殿場
中部⑩

楽しい旅へ
出かけよう♪

2023年6月15日初版印刷
2023年7月1日初版発行

編集人：福本由美香
発行人：盛崎宏行
発行所：JTBパブリッシング
　　　　〒135-8165
　　　　東京都江東区豊洲5-6-36　豊洲プライムスクエア11階

編集・制作：情報メディア編集部
編集デスク：宮澤珠里
編集スタッフ：藤﨑恵
取材・編集：K&Bパブリッシャーズ／間貞麿／好地理恵

アートディレクション：APRIL FOOL Inc.
表紙デザイン：APRIL FOOL Inc.
本文デザイン：APRIL FOOL Inc.
K&Bパブリッシャーズ
イラスト：平澤まりこ
撮影・写真：成沢拓司／泉田真人／中村宗徳
関係各市町村観光課・観光協会・施設／PIXTA
地図：ゼンリン／千秋社／ジェイ・マップ
組版・印刷所：凸版印刷

編集内容や、商品の乱丁・落丁の
お問合せはこちら

JTB パブリッシング お問合せ

https://jtbpublishing.co.jp/
contact/service/

本書に掲載した地図は以下を使用しています。
測量法に基づく国土地理院長承認（使用）R 2JHs 293-1470号
測量法に基づく国土地理院長承認（使用）R 2JHs 294-641号

●本書掲載のデータは2023年4月末日現在のものです。発行後に、料金、営業時間、定休日、メニュー等の営業内容が変更になることや、臨時休業等で利用できない場合があります。また、各種データを含めた掲載内容の正確性には万全を期しておりますが、お出かけの際には電話等で事前に確認・予約されることをお勧めいたします。なお、本書に掲載された内容による損害賠償等は、弊社では保障いたしかねますので、予めご了承くださいますようお願いいたします。●本書掲載の商品は一例です。売り切れや変更の場合もありますので、ご了承ください。●本書掲載の料金は消費税込みの料金ですが、変更されることがありますので、ご利用の際はご注意ください。入園料などで特記のないものは大人料金です。●定休日は、年末年始・お盆休み・ゴールデンウィークを省略しています。●本書掲載の利用時間は、特記以外原則として開店（館）〜閉店（館）です。オーダーストップや入店（館）時間は通常閉店（館）時刻の30分〜1時間前ですのでご注意ください。●本書掲載の交通表記における所要時間はあくまでも目安ですのでご注意ください。●本書掲載の宿泊料金は、原則としてシングル・ツインは1室あたりの室料です。1泊2食、1泊朝食、素泊に関しては、1室2名で宿泊した場合の1名料金です。料金は消費税、サービス料込みで掲載しています。季節や人数によって変動しますので、お気をつけください。●本誌掲載の温泉の泉質・効能等は、各施設からの回答をもとに原稿を作成しています。

本書の取材・執筆にあたり、
ご協力いただきました関係各位に厚くお礼申し上げます。

おでかけ情報満載　https://rurubu.jp/andmore

233243　280430
ISBN978-4-533-15500-0　C2026
©JTB Publishing 2023
無断転載禁止　Printed in Japan
2307